많은 학부모들이 선택한
독해력 향상의
길잡이

KB083971

공습국어 초등독해는 2008년 첫 선을 보인 이래로 많은 학부모와 학생들로부터 남다른 관심과 사랑을 받고 있습니다. 공습국어 초등독해가 이렇게 짧은 시간 안에 초등 독해력 학습을 대표하는 교재로서 자리를 잡을 수 있었던 것은 아이들이 부담 없이 재미있게 공부할 수 있도록 놀이와 학습 요소를 적절히 배치하여 독해력 향상을 위해 꼭 알아야 할 필수 학습 내용을 쉽게 익힐 수 있도록 구성했기 때문입니다.

그런데 단계별로 교재의 수가 적어 서너 달이 지나면 더 이상 단계에 맞는 독해력 학습을 지속할 수 없는 문제가 있었습니다. 그렇다고 다음 단계로 넘어가는 것도 학년 수준에 맞지 않아 몇 달 동안 이어온 학습 흐름이 끊어질 수밖에 없었습니다.

이번에 추가로 독해력 교재를 출간하게 된 것은 각 단계에 맞는 독해력 학습을 적어도 1년 정도는 꾸준히 진행할 수 있게 하기 위해서입니다. 이렇게 함으로써 다음 단계를 학습할 때까지의 기간을 최소화하거나 바로 다음 단계로 넘어가더라도 큰 어려움 없이 적응할 수 있을 것입니다.

심화 교재는 기본 교재와는 다른 문제 유형으로 코너를 구성하였습니다. 이는 같은 유형을 반복함으로써 오는 지루함을 없애고 문제 풀이 방법이 관성화되는 것을 막기 위해서입니다. 또한 기존 독해력 교재에서 다루지 않았던 유형을 다룸으로써 글을 읽고 분석하는 능력을 좀 더 심화시키기 위해서입니다.

새로 출간한 공습국어 초등독해는 그간 독해력 교재를 이용해 온 학부모와 학생들의 의견을 반영한 산물입니다. 물론 새로운 교재 구성이나 내용을 모든 학부모와 학생이 만족스러워 할 것이라고 생각하지는 않습니다. 주니어김영사는 교재에 대한 질책과 격려 모두를 소중히 받아 안을 것입니다. 항상 열린 자세로 최대한 교재를 효과적으로 이용할 수 있도록 도와드릴 것이며 아울러 더 좋은 교재로 다가가기 위해 노력하겠습니다.

감사합니다.

"
공습국어 초등독해는 다양한 갈래의
글감 읽기를 통해 정독 습관을 길러주는
독해력 훈련 프로그램으로, 글의 구조와 내용을
파악하는 효과적인 절차와 방법을 습득함으로써
잘못된 읽기 습관을 바로 잡고 독해에 대한
자신감을 심어줍니다.
"

공습국어 초등독해
학습 전략

기본과 심화의 연속된 독해 학습 과정

공습국어 초등독해는 전 과정이 학년에 따라 나누어져 있습니다. 크게 1·2학년, 3·4학년, 5·6학년 3개의 과정으로 이루어져 있습니다. 그리고 각 과정별로 기본 Ⅰ·Ⅱ·Ⅲ, 심화 Ⅰ·Ⅱ·Ⅲ 단계로 구성되어 있습니다.

과정	단계	
1 · 2학년	기본	Ⅰ, Ⅱ, Ⅲ 단계
	심화	Ⅰ, Ⅱ, Ⅲ 단계
3 · 4학년	기본	Ⅰ, Ⅱ, Ⅲ 단계
	심화	Ⅰ, Ⅱ, Ⅲ 단계
5 · 6학년	기본	Ⅰ, Ⅱ, Ⅲ 단계
	심화	Ⅰ, Ⅱ, Ⅲ 단계

기본 단계와 심화 단계는 서로 다른 구성과 학습 목표를 가지고 있습니다. 기본 단계는 낱말이 가지고 있는 기본적인 의미와 다른 낱말과 관계를 파악하는 단계입니다. 심화 단계는 유추와 연상 활동을 통해 낱말이 가지는 다양한 의미를 알고 정확하게 낱말을 읽고 쓰는 단계입니다.

기본 단계와 심화 단계는 서로 동떨어져 있는 것이 아니라 연속된 훈련 단계입니다. 따라서 공습국어 초등독해를 처음 시작하는 경우는 기본 단계부터 순서대로 학습하는 것이 학습 효과를 극대화할 수 있습니다.

물론 공습국어 초등독해 기본 단계로 학습한 경험이 있다면 각 과정의 심화 단계를 공부해도 괜찮습니다. 하지만 1·2학년 과정에서 기본 단계를 학습하고 현재 3학년이나 4학년이 되었다면 3·4학년 과정의 심화 단계보다는 3·4학년 과정의 기본 단계부터 시작하거나, 1·2학년 과정의 심화 단계를 한 다음 3·4학년 과정의 기본 단계로 넘어가는 것이 좋습니다.

글밥지도를 통해 글의 짜임과
내용을 한눈에 파악한다!

공습국어
초등독해의 특징

 하나 마인드맵을 이용한 독해력 훈련

공습국어 초등독해는 효과적인 학습 방법으로 주목을 받고 있는 마인드맵을 이용하여 글감의 짜임과 내용을 분석하고 정리하는 방법을 제시하고 있습니다. 글감의 중심 생각이나 소재를 가운데에 놓고 이로부터 생각의 가지를 뻗어나가면서 세부 주제와 관련된 내용을 정리하다 보면 어느새 글감의 전체 구조와 내용을 한눈에 파악할 수 있을 것입니다.

 둘 국어 평가 방향에 맞춘 갈래별 문제 구성

글의 갈래는 크게 정서를 표현하는 글, 설득하는 글, 정보를 전달하는 글로 구분할 수 있습니다. 글은 갈래별로 표현하는 방식이나 목적이 다르기 때문에 글을 읽을 때 갈래별 특성에 맞게 읽어야 합니다. 초등 국어 교육 과정에서도 갈래별 특성에 맞는 글 읽기를 위해 글감의 갈래에 따른 평가 방향을 정하여 놓고 있는데, 공습국어 초등독해는 이러한 평가 방향에 맞추어 갈래별로 문제를 구성하였습니다.

 셋 사실적 이해와 비판적 이해를 위한 전략 제시

사실적 이해와 비판적 이해는 글감의 내용을 입체적으로 파악하기 위해 거쳐야 할 필수 과정입니다. 따라서 공습국어 초등독해에서는 '글밥지도 그리기' 꼭지를 통해 글감의 사실적 이해를 다루었으며, '끄덕끄덕 공감하기'와 '요목조목 따져보기'를 통해 비판적, 추론적 이해를 다루었습니다. 사실적 이해 단계는 각 문단별 중심 내용과 글의 짜임, 그리고 글 전체를 간추리며 글의 중심 생각을 파악하는 것이라고 한다면, 비판적 이해 단계는 글쓴이의 의도를 이해하고 내용의 적절성에 대한 주관적, 객관적 판단을 하는 것이라고 볼 수 있습니다.

 넷 재미있고 다양한 생활 밀착형 글감 구성

공습국어 초등독해는 설명하는 글이나 설득하는 글과 같이 독해를 위한 기본 글감 이외에도 일상생활에서 자주 보게 되는 광고문이나 기사문, 아이들이 직접 쓰는 일기, 보고문, 기록문, 감상문 등 여러 형식의 글감을 다양하게 싣고 있습니다. 이렇게 친숙한 소재와 형식의 글들은 독해에 대한 부담을 줄이고 재미있게 글을 읽을 수 있도록 도와줍니다.

마인드맵과 독해력

마인드맵은 영국의 언론인이자 교육심리학자인 토니 부잔(Tony Buzan)이라는 사람이 고안해낸 두뇌 계발 및 생각 정리의 기법입니다. 토니 부잔은 대학 시절 자신이 연구해야 할 분량이 점점 많아지자 이를 효과적으로 정리하고 기억할 수 있는 방법이 없는지 고민을 하게 됩니다. 이 당시 그가 방법을 찾기 위해 스스로에게 던진 질문을 보면 마인드맵이 어떤 유용한 역할을 수행할 수 있는지를 엿볼 수 있는데 몇 가지 질문의 예를 들자면 다음과 같은 것이 있었습니다.

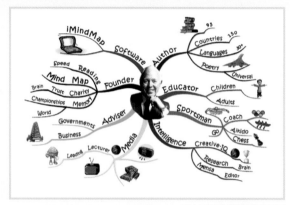

- 어떻게 배울 것인가?
- 사고의 본질은 무엇인가?
- 기억에 가장 도움이 되는 학습 기법은 무엇인가?
- 독서에 가장 도움이 되는 방법은 무엇인가?
- 창조적 사고에 가장 효과적인 학습 방법은 무엇인가?

▲ 토니 부잔의 마인드맵 이미지

토니 부잔이 스스로에게 던진 질문 가운데 '독서에 가장 도움이 되는 방법은 무엇인가?'라는 것이 있습니다. 이는 책을 읽고 책의 내용을 정리하는 방법으로서 마인드맵의 역할을 이미 고려하고 있었다는 것을 알 수 있습니다. 실제로 그의 바람대로 마인드맵은 책의 내용을 분석하고 정리하는 데 가장 효과적인 수단이 되고 있습니다.

마인드맵은 학습 방법으로도 그 효과가 매우 뛰어나 실제로 많은 학생들이 공부한 내용을 정리하는데 적극적으로 활용하고 있습니다. 〈공부 9단 오기 10단〉의 저자로 잘 알려진 박원희나 미스코리아 출신으로 하버드에 합격한 금나나 등 공부 잘하는 사람들의 공부 방법을 들여다보면 마인드맵을 비중 있게 활용하고 있음을 쉽게 확인할 수 있습니다.

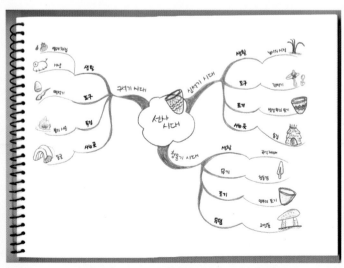

▲ 마인드맵으로 국사를 정리한 노트

마인드맵(Mind map)은 주제와 관련된 세부 내용들을 여러 갈래로 가지를 그려나가며 체계적으로 정리하는 것으로 학습 방법으로도 그 효과가 매우 뛰어나 실제로 많은 학생들이 공부한 내용을 정리하는데 적극적으로 활용하고 있습니다.

마인드맵을 그리는 방법은 토니 부잔의 마인드맵 이미지를 보면 알 수 있듯이 매우 간단합니다. 중심이 되는 주제나 생각을 가운데에 놓고 중심 생각과 관련 있는 주제들을 나뭇가지처럼 배열하면 됩니다. 만약 주제와 연관된 하위 주제나 생각이 있다면 상위 주제에 새로운 가지를 연결하여 내용을 적어주면 되는데 과장해서 표현하자면 생각의 가지는 새로운 주제나 내용이 있는 한 무한대로 연결할 수 있을 것입니다.

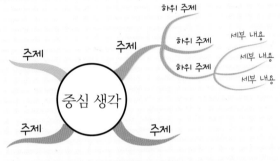

▲ 마인드맵을 그리는 기본적인 방법

그리고 마인드맵을 그릴 때 주제나 세부 내용과 관계된 도식이나 이미지를 첨부한다면 좀 더 풍부하고 재미있게 마인드맵을 꾸밀 수 있고 나중에 내용을 파악하는데도 많은 도움이 됩니다.

마인드맵의 가장 큰 장점은 세부적인 내용을 효과적으로 정리할 수 있는 것도 있지만 무엇보다도 전체적인 줄기를 파악할 수 있다는 것과 많은 내용 중 핵심적인 내용만 축약하여 한눈에 볼 수 있다는 것입니다.

이와 같은 장점은 앞에서도 언급했듯이 책의 내용을 분석하고 정리하는 데 매우 효과적입니다. 책에는 전달하고자 하는 주제가 있고, 이야기나 사건이 있으며, 그런 이야기나 사건을 구성하는 인물이나 배경, 그리고 다양한 정보들이 글의 구조와 인과 관계에 따라 촘촘히 배치되어 있습니다. 이렇게 많은 내용들을 종이 한 장에 정리해야 한다고 할 때 무엇을 어떻게 시작해야 할지 막막할 것입니다. 그러나 마인드맵을 그릴 수 있다면 짧은 시간 안에 핵심적인 내용들을 어렵지 않게 정리할 수 있습니다. 아래의 그림은 흥부와 놀부 이야기를 간단하게 마인드맵으로 정리해 본 것입니다. 글의 갈래마다 글의 내용을 파악하기 위한 기본적인 주제들이 있으므로 어떻게 주제를 잡아야 할지 모르겠다면 기본 주제들을 가지고 가지로 연결하면 누구나 쉽게 마인드맵을 그릴 수 있습니다.

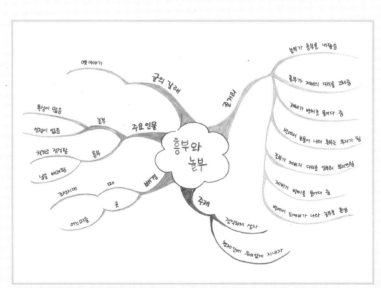

▲ 간단한 독서 마인드맵의 예

공습국어 초등독해는 마인드맵을 통한 독해 훈련 워크북이라고 불릴 수 있을 만큼 글감의 짜임과 내용을 파악하는 방법으로 마인드맵을 적극적으로 활용하고 있습니다. 이 교재를 마칠 때쯤이면 어떤 책을 보던지 빈 종이에 책의 내용을 마인드맵으로 쉽고 정확하게 정리해 낼 수 있을 것입니다.

교재 구성 한눈에 보기

제시문

'꼼꼼히 집중하여 읽기'의 가장 첫 번째 활동은 바로 오늘 읽어야 할 글을 읽는 것입니다. 제시문은 이야기 글, 전래 동요, 극본 등 정서를 표현하는 글과 설명하는 글, 광고하는 글 등의 정보를 전달하는 글, 주장하는 글, 부탁(제안)하는 글 등의 설득하는 글로 이루어져 있으며 소재 및 주제 또한 다양하게 구성되어 있습니다.

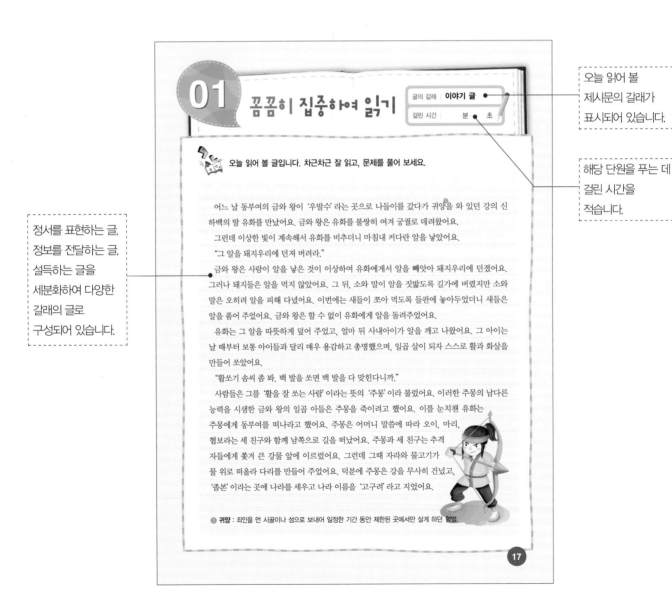

정서를 표현하는 글, 정보를 전달하는 글, 설득하는 글을 세분화하여 다양한 갈래의 글로 구성되어 있습니다.

오늘 읽어 볼 제시문의 갈래가 표시되어 있습니다.

해당 단원을 푸는 데 걸린 시간을 적습니다.

공습국어 초등독해는 모두 30회 과정으로 구성되어 있습니다. 꼼꼼히 집중하여 읽기는 각 회별로 다양한 갈래 폭넓은 주제를 다룬 제시문과 앞에서 읽은 글의 내용을 마인드맵으로 그리며 정리하는 '글밥지도 그리기', 사실적 이해력과 비판적 이해력, 그리고 추론 능력을 향상시킬 수 있는 '끄덕끄덕 공감하기', '요목조목 따져보기'로 구성되어 있습니다.

글밥지도 그리기

앞에서 읽은 글의 내용 및 구조를 마인드맵으로 그려 보는 꼭지입니다. 핵심적인 단어와 문장을 정리해 본 다음, 글의 짜임, 문단, 순서, 구성을 살펴보고 글과 어울리는 제목을 찾아볼 수 있도록 구성되어 있습니다.

주제 찾기
글의 중심 소재나 주제, 인물 등을 보기에서 찾아봅니다. 주제 상자에는 주제를 찾는 데 힌트가 되는 이미지가 삽입되어 있어 보다 쉽게 문제를 해결할 수 있습니다.

글밥지도 채우기
글의 내용 중 핵심적인 단어나 문장을 보기에서 찾아봅니다.

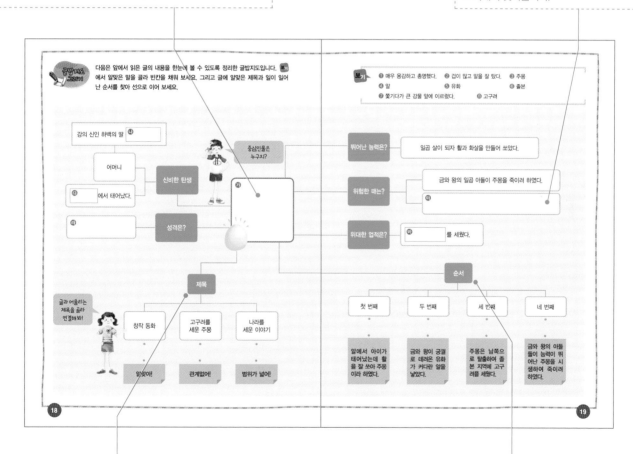

제목 찾기
글에 가장 알맞게 어울리는 제목을 찾아 선으로 연결해 봅니다. 글의 제목은 글쓴이의 중심 생각이 들어 있는 핵심적인 내용이므로 글과 제목 후보와의 관계에 대해 고민하는 사이에 사고력과 글의 핵심을 찾아내는 감각을 동시에 기를 수 있습니다.

구성 파악하기
글의 짜임과 구성, 사건의 순서, 문단과 문단의 관계 및 문단의 내용을 정리해 선으로 연결해 봅니다. 이 과정을 통해 글의 흐름이나 구성을 한눈에 파악할 수 있습니다.

끄덕끄덕 공감하기, 요목조목 따져보기

제시문을 읽고 글밥지도를 그리며 파악한 글의 내용과 주제에 대해 다시 한번 생각하고 정리해 봅니다. 제시문의 갈래가 정서를 표현하는 글일 경우에는 '끄덕끄덕 공감하기', 논리적인 글일 경우에는 '요목조목 따져보기' 꼭지를 활동해 봅니다.

'끄덕끄덕 공감하기' 꼭지의 첫 번째 문항에서는 등장인물의 생각이나 느낌을 정리하거나, 그것에 대한 나의 의견이나 비슷한 경험에 대해 짧게 적습니다. 등장인물에 대해 공감하고, 이해한 다음 이것을 바탕 나의 생각 및 태도와 연결 지어 보며 공감적 이해력 및 창의력을 기를 수 있습니다.

끄덕끄덕 공감하기와 요목조목 따져보기 꼭지의 두 번째 문항은 모두 글을 읽고 바른 의견 또는 바르지 못한 의견을 낸 친구를 찾아내는 사지선다형 활동입니다. 이를 통해 앞서 읽은 글의 내용을 정리하며 비판적 이해력과 추론적 이해력을 향상시킬 수 있습니다.

'요목조목 따져보기' 꼭지의 첫 번째 문항에서는 앞에서 읽은 글의 구조와 내용을 확인하거나, 글쓴이의 주장과 근거를 따져 봅니다. 이를 통해 사실적 이해력을 넘어 비판적 사고력을 기를 수 있습니다.

공습국어 초등독해의
지문 구성 및
읽기 전략

공습국어 초등독해의 특징은 갈래별 글읽기입니다.
각 회에 수록된 제시문은 크게 정서를 표현하는 글과
논리적인 글로 나누어볼 수 있습니다.
공습국어 초등독해의 지문 구성과 이에 따른
갈래별 읽기 전략은 다음과 같습니다.

 공습국어 초등독해 지문 구성

공습국어 초등독해 지문은 크게 정서를 표현하는 글과 논리적인 글로 나누어 골고루 수록되어 있습니다. 1·2학년의 경우 두 갈래의 비중이 같고, 5·6학년의 경우 논리적인 글의 수가 더 많습니다.

정서를 표현하는 글				
이야기 글	읽기·편지	감상문	기행문	동요·동시·시조

논리적인 글				
설득하는 글		정보를 전달하는 글		
주장(설득)하는 글	부탁(제안)하는 글	설명하는 글	보고하는 글	광고하는 글

 갈래별 읽기 전략

공습국어 초등독해에서는 초등교육과정을 바탕으로 다음과 같이 갈래별 읽기 전략을 제시하고 활동을 구성하였습니다.

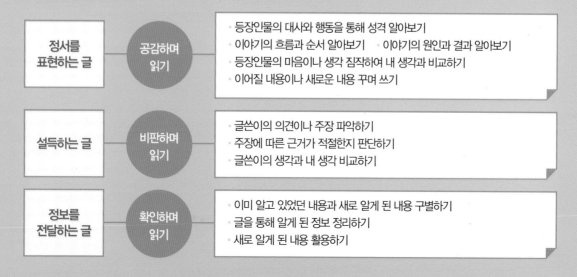

정서를 표현하는 글	공감하며 읽기	· 등장인물의 대사와 행동을 통해 성격 알아보기 · 이야기의 흐름과 순서 알아보기 · 이야기의 원인과 결과 알아보기 · 등장인물의 마음이나 생각 짐작하여 내 생각과 비교하기 · 이어질 내용이나 새로운 내용 꾸며 쓰기
설득하는 글	비판하며 읽기	· 글쓴이의 의견이나 주장 파악하기 · 주장에 따른 근거가 적절한지 판단하기 · 글쓴이의 생각과 내 생각 비교하기
정보를 전달하는 글	확인하며 읽기	· 이미 알고 있었던 내용과 새로 알게 된 내용 구별하기 · 글을 통해 알게 된 정보 정리하기 · 새로 알게 된 내용 활용하기

글밥지도 그리기는 이렇게 풀어요!

① 글밥지도를 그리기 전, 지시문을 꼼꼼하게 살펴보세요. 빈칸을 채워넣는 활동은 매회 반복되지만 제목과 글의 구조, 글의 흐름을 파악하는 활동은 회마다 조금씩 차이가 있기 때문에 지시문을 잘 살펴 보아야 합니다.

② 지시문을 이해한 다음엔 글밥지도의 중심이 될 단어를 찾습니다. 주제 상자 옆이나 위에 놓인 지시문을 잘 읽고 정답을 보기에서 찾아 써 봅니다. 이야기의 등장인물, 글의 중심 소재 및 주제, 시의 화자나 지은이가 주로 글밥지도의 중심에 놓이게 됩니다. 이때 주제 상자에 그려진 이미지가 정답의 힌트가 되니 참고하세요.

④ 글밥지도의 모든 빈칸을 채웠다면, 다음으로 글에 어울리는 제목을 찾아 선으로 연결해 봅니다.

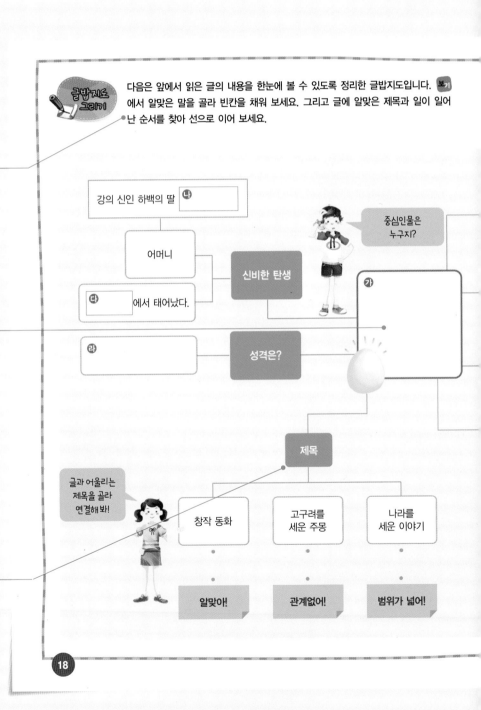

다음은 앞에서 읽은 글의 내용을 한눈에 볼 수 있도록 정리한 글밥지도입니다. 보기에서 알맞은 말을 골라 빈칸을 채워 보세요. 그리고 글에 알맞은 제목과 일이 일어난 순서를 찾아 선으로 이어 보세요.

18

'글밥지도 그리기'는 오늘 읽은 제시문을 마인드맵 형식의 글밥지도로 표현해 보는 활동입니다. 가장 핵심적이었던 단어, 인물을 주제로 삼아 마인드맵의 형식으로 글의 내용을 체계적으로 정리해 본 다음, 글의 제목과 짜임에 대해 생각해 봅니다. 글밥지도에는 제시문에서 다루어진 중요한 내용을 확인하는 4~8개의 빈칸과 제목 찾기, 문단 내용 찾기 등 1~2가지의 선 긋기 활동이 있습니다.

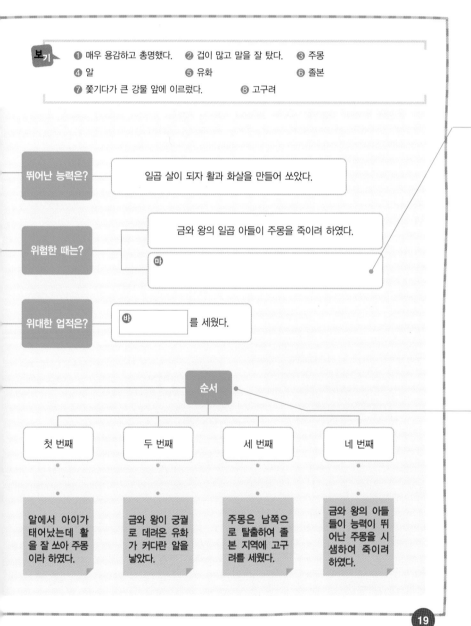

보기
❶ 매우 용감하고 총명했다.　❷ 겁이 많고 말을 잘 탔다.　❸ 주몽
❹ 알　❺ 유화　❻ 졸본
❼ 쫓기다가 큰 강물 앞에 이르렀다.　❽ 고구려

뛰어난 능력은?｜일곱 살이 되자 활과 화살을 만들어 쏘았다.

위험한 때는?｜금와 왕의 일곱 아들이 주몽을 죽이려 하였다. / ㉮

위대한 업적은?｜㉯ 　를 세웠다.

순서
첫 번째 | 두 번째 | 세 번째 | 네 번째
알에서 아이가 태어났는데 활을 잘 쏘아 주몽이라 하였다. | 금와 왕이 궁궐로 데려온 유화가 커다란 알을 낳았다. | 주몽은 남쪽으로 탈출하여 졸본 지역에 고구려를 세웠다. | 금와 왕의 아들들이 능력이 뛰어난 주몽을 시샘하여 죽이려 하였다.

❸ 글밥지도의 중심 단어를 찾았다면, 다음으로 글의 주요 내용들을 살펴봅니다. 글의 내용을 정리한 글밥지도의 가지에 놓인 ㉮~㉯의 빈칸을 보기에서 알맞은 단어를 골라 채웁니다. 이때 반드시 ㉮~㉯의 순서대로 빈칸을 채워야 하며, 될 수 있으면 번호와 단어 또는 문장을 모두 적는 것이 좋습니다. 정답 상자의 공간이 부족하다면 번호만 적도록 합니다. 빈칸에 들어갈 말이 헷갈릴 경우에는 같은 가지에 놓인 다른 단어나 문장을 참고하면 보다 쉽게 해결할 수 있습니다.

❺ 글의 흐름이나, 구성, 글의 짜임을 확인하여 선으로 연결해 봅니다. 문학적인 글에서는 사건의 순서와 발단 –전개 – (위기) – 절정 – 결말의 이야기의 구성을 주로 살펴보고, 논리적인 글에서는 처음 – 가운데 – 끝의 글의 구조나 문단의 내용을 주로 따져봅니다. 필요하다면 제시문을 다시 한번 읽어보며 풀이해도 좋습니다.

끄덕끄덕 공감하기, 요목조목 따져보기는 이렇게 풀어요!

끄덕끄덕 공감하기 활동 보기

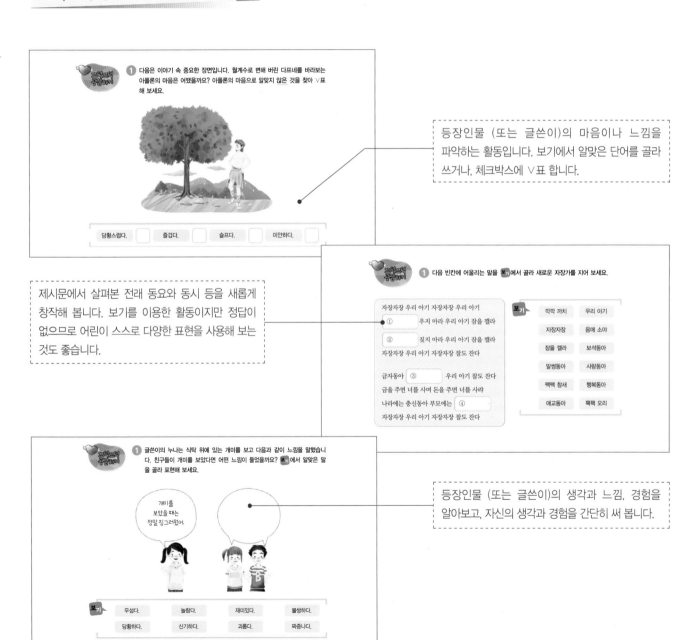

① 다음은 이야기 속 중요한 장면입니다. 월계수로 변해 버린 다프네를 바라보는 아폴론의 마음은 어땠을까요? 아폴론의 마음으로 알맞지 않은 것을 찾아 ∨표 해 보세요.

| 당황스럽다. | | 즐겁다. | | 슬프다. | | 미안하다. | |

> 등장인물 (또는 글쓴이)의 마음이나 느낌을 파악하는 활동입니다. 보기에서 알맞은 단어를 골라 쓰거나, 체크박스에 ∨표 합니다.

① 다음 빈칸에 어울리는 말을 **보기**에서 골라 새로운 자장가를 지어 보세요.

자장자장 우리 아기 자장자장 우리 아기
① _____ 우지 마라 우리 아기 잠을 깰라
② _____ 짖지 마라 우리 아기 잠을 깰라
자장자장 우리 아기 자장자장 잘도 잔다

금자동아 ③ _____ 우리 아기 잘도 잔다
금을 주면 너를 사며 돈을 주면 너를 사랴
나라에는 충신동아 부모에는 ④ _____
자장자장 우리 아기 자장자장 잘도 잔다

보기
깍깍 까치	우리 아기
자장자장	음매 소야
잠을 깰라	보석동아
멍멍동아	사랑동아
짹짹 참새	행복동아
애교동아	꽥꽥 오리

> 제시문에서 살펴본 전래 동요와 동시 등을 새롭게 창작해 봅니다. 보기를 이용한 활동이지만 정답이 없으므로 어린이 스스로 다양한 표현을 사용해 보는 것도 좋습니다.

① 글쓴이의 누나는 식탁 위에 있는 개미를 보고 다음과 같이 느낌을 말했습니다. 친구들이 개미를 보았다면 어떤 느낌이 들었을까요? **보기**에서 알맞은 말을 골라 표현해 보세요.

> 개미를 보았을 때는 정말 징그러웠어.

보기
| 무섭다. | 놀랍다. | 재미있다. | 불쌍하다. |
| 당황하다. | 신기하다. | 괴롭다. | 짜증나다. |

> 등장인물 (또는 글쓴이)의 생각과 느낌, 경험을 알아보고, 자신의 생각과 경험을 간단히 써 봅니다.

정서를 표현하는 글에 해당하는 제시문을 읽은 다음에는 '끄덕끄덕 공감하기' 꼭지를, 논리적인 글에 해당하는 제시문을 읽은 다음에는 '요목조목 따져보기'꼭지를 공부합니다. 앞의 두 꼭지는 각각 2가지 활동으로 구성되어 있습니다.

'끄덕끄덕 공감하기'의 경우 등장인물들의 성격이나 느낌 파악하기, 등장인물의 입장이 되어 생각해 보기, 새롭게 창작하기 등의 활동이 주를 이루며, '요목조목 따져보기'의 경우 글의 구조 정리하기, 요약하기, 글쓴이의 주장과 근거 따져보기, 글을 통해 알게 된 정보 활용하기 등의 활동으로 구성되어 있습니다.

요목조목 따져보기 활동 보기

주장하는 글을 읽은 후, 글쓴이가 제기한 문제 상황과 주장 그리고 알맞은 근거를 정리해 보는 활동입니다. 주장을 뒷받침하는 또는 뒷받침하지 못하는 근거를 찾아 체크박스에 ○표 또는 ∨표를 합니다.

① 다음은 글쓴이가 제기한 문제와 주장을 정리한 것입니다. 그 주장을 뒷받침해 줄 수 있는 까닭으로 알맞은 것을 골라 ○표 해 보세요.

문제 제기	정보화 시대를 살아갈 어린이들에게 책 읽기는 점점 더 중요해지고 있으나 책 읽는 시간이 점점 줄어들고 있다.	
주장	책을 많이 읽자.	
까닭	① 책 읽기는 언어를 발달시킨다.	
	② 책 읽기는 폭넓고 깊이 있는 삶을 간접적으로 체험할 수 있게 해 준다.	
	③ 책 읽기는 인터넷이나 텔레비전 프로그램보다 흥미가 떨어진다.	
	④ 책 읽기를 통해 사고력을 키울 수 있다.	

① 다음은 글쓴이가 자신이 쓴 글을 표로 정리한 것입니다. 잘못된 부분을 찾아 ∨표 해 보세요.

견학 제목	□□ 출판사를 다녀와서	견학한 때	20○○년 ○○월 ○○일	
견학 장소	□□ 출판사			
견학 목적	① 여러 가지 책을 보기 위해서			
견학 기록	② 1층 회의실 - 기획 회의를 하고 있는 선생님들			●
	③ 2층 디자인실 - 디자인 작업 중인 북 디자이너들			
	④ 1층 편집실 - 교정지를 확인하는 작가들			
첫인상	작고 아늑한 도서관 같았다.			
생각이나 느낌	뿌듯했고 나도 아빠처럼 책 만드는 일을 하고 싶다.			

설명하는 글이나 소개하는 글을 읽은 다음 글에 담긴 정보를 확인합니다. 글에서 다루고 있는 정보들을 정리하고 자신이 알고 있었던 정보와 몰랐던 정보를 정리할 수 있습니다. 지시문에 따라 ○표 또는 ∨표 합니다.

② 다음은 앞의 글을 읽은 친구들의 대화입니다. 이 글을 잘못 이해하고 있는 친구는 누구인가요?

① 아폴론을 너무 사랑하여 월계수가 된 다프네의 모습이 가슴 아파.

② 아폴론은 제우스의 아들이자 태양의 신이야.

③ 다프네는 강의 신인 페네이오스의 딸로 아름다운 요정이야.

④ 에로스의 화살을 맞고 아폴론은 다프네를 사랑하게 되고 다프네는 아폴론을 싫어하게 되지.

공통 활동 보기

제시문을 바르게 이해한 사람 또는 바르지 않게 이해한 사람을 고르는 활동입니다. 사실적 이해력, 비판적 이해력을 측정할 수 있으며 보기를 읽어 본 후 지시문에 따라 정답 번호를 적습니다.

꾸준함이 독해력을 키우는
가장 좋은 방법입니다!

공습국어
초등독해의 활용

하나 처음 일주일 정도는 아이와 함께 하세요

공습국어 초등독해의 코너 구성과 문제 유형을 아이가 이해할 수 있도록 일주일 정도는 아이와 함께
문제를 풀어보세요. 각각의 문제 유형을 설명해주고, 채점을 통해 아이에게 미진한 부분이 있으면 다시
설명해주면서 아이가 혼자서도 충분히 문제를 해결할 수 있도록 도와주세요.

둘 꾸준히 학습할 수 있는 환경을 만들어 주세요

매일 1회분씩 학습 진도를 나가는 것이 가장 이상적이긴 하지만 현실적으로 불가능한 경우가 많습니다.
따라서 매일이 아니더라도 꾸준히 교재를 볼 수 있도록 학습 스케줄을 잡아 주세요. 이때 부모님이
일방적으로 결정하지 마시고 아이와 충분히 상의하여 가능한 아이의 의견이 반영되도록 해주세요.
그래야만이 학습 과정에 대한 아이의 주체적 참여를 유도할 수 있습니다.

셋 기본 단계부터 순서대로 학습할 수 있도록 해 주세요

공습국어 초등독해 심화 단계는 문제 유형이나 내용이 기본 단계에 비해 다소 복잡하거나 어렵습니다.
따라서 독해력 학습을 처음 시작하는 경우라면 기본 단계부터 순서대로 교재를 보는 것이 좋습니다. 물론
이전에 독해력 교재를 보았거나 국어 실력이 상위권이라면 심화 단계부터 시작해도 괜찮습니다.

넷 문제 풀이에 걸리는 적정한 시간은 10분 내외입니다

공습국어 초등독해 1회분에 해당하는 문제를 푸는 데 걸리는 시간은 대략 10분 정도면 충분합니다. 하지만
교재의 문제 유형이 익숙하지 않은 초반에는 이보다 시간이 더 걸릴 수도 있습니다. 따라서 일정 기간
동안은 문제 풀이 시간에 구애 받지 않고 아이가 편하게 문제를 풀면서 교재에 적응할 수 있도록 배려해
주세요.

차례
Contents

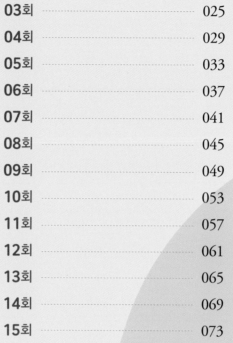

공습국어를 시작하며

이제 본격적인 독해력 공부를 시작하게 돼요.

크게 숨을 한 번 내쉬면서 마음을 가다듬어 보세요.

책을 끝까지 볼 수 있을까? 문제가 어렵지는 않을까? 하는 걱정이

들기도 하겠지만 막상 시작해보면 괜한 걱정이었다 싶을 거예요.

한 번에 밥을 많이 먹으면 탈이 날 수 있는 것처럼

하루에 1회씩만 꾸준히 풀어 보세요.

그러다 보면 어느새 독해력이 무럭무럭 자라나

있는 걸 볼 수 있을 거예요.

자 그럼 이제 출발해 볼까요?

 오늘 읽어 볼 글입니다. 차근차근 잘 읽고, 문제를 풀어 보세요.

옛날 어느 마을에 욕심이 많고 마음씨가 고약한 옹고집이라는 사람이 살았어요. 하루는 한 스님이 옹고집의 집으로 시주①를 받으러 왔어요.

"중에게 줄 쌀은 한 톨도 없으니 당장 나가거라!"

옹고집은 스님 엉덩이를 발로 차서 내쫓았어요.

혼이 난 스님은 도사를 찾아가 사정 이야기를 했어요. 도사는 옹고집을 혼내 주려고, 주문을 외워 짚으로 진짜 옹고집과 똑같이 생긴 허수아비 옹고집을 만들었어요.

허수아비 옹고집은 진짜 옹고집의 집으로 갔어요. 그때 마침 밖에 나갔던 진짜 옹고집이 돌아왔어요. 허수아비 옹고집과 진짜 옹고집은 서로를 바라보며 소리를 질렀어요.

"네 이놈, 너는 누구냐?"

두 옹고집은 소리 지르는 모습도 목소리도 모두 똑같아서 식구들도 누가 진짜 옹고집인지 알 수가 없었답니다. 할 수 없이 두 옹고집은 관가로 갔어요.

사또는 진짜 옹고집을 가려내기 위해 두 옹고집에게 집안의 조상에 대해 물어보았어요. 허수아비 옹고집은 금방 요술을 부려 술술 이야기했지만 진짜 옹고집은 더듬더듬 이야기를 하고 말았어요.

"음, 제 조상도 모르다니. 이놈이 가짜군."

사또는 곤장을 20대나 때려 진짜 옹고집을 마을에서 내쫓았답니다.

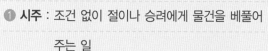 ① **시주** : 조건 없이 절이나 승려에게 물건을 베풀어

주는 일

다음은 앞에서 읽은 글의 내용을 한눈에 볼 수 있도록 정리한 글밥지도입니다. 보기 에서 알맞은 말을 골라 빈칸을 채워 보세요. 그리고 글에 알맞은 제목과 사건의 순서를 찾아 각각 선으로 이어 보세요.

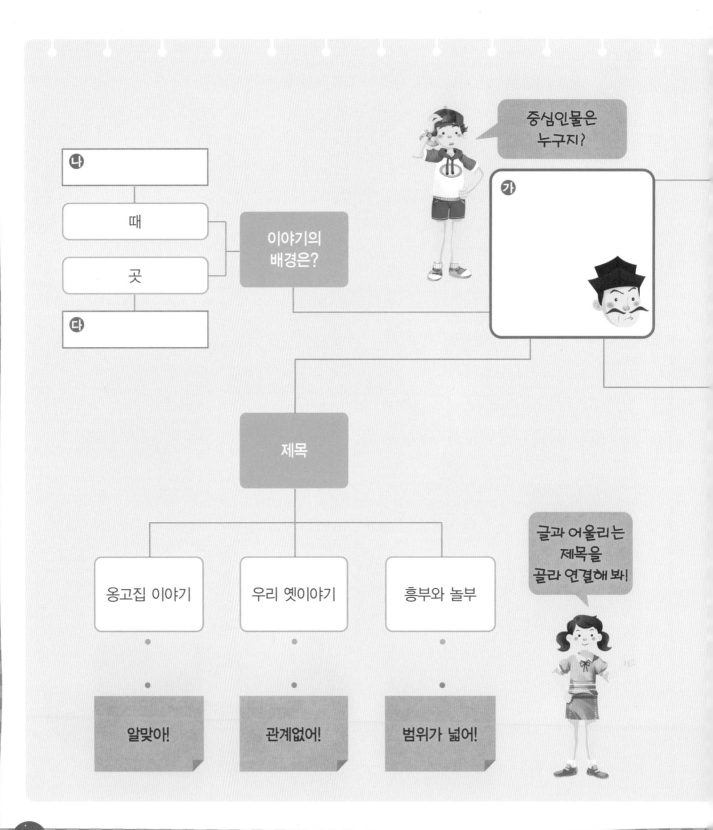

① 어느 마을 ② 옛날 ③ 옹고집 ④ 스님
⑤ 중에게 줄 쌀은 한 톨도 없으니 당장 나가거라! ⑥ 허수아비
⑦ 스님 엉덩이를 발로 차서 내쫓았어요. ⑧ 진짜

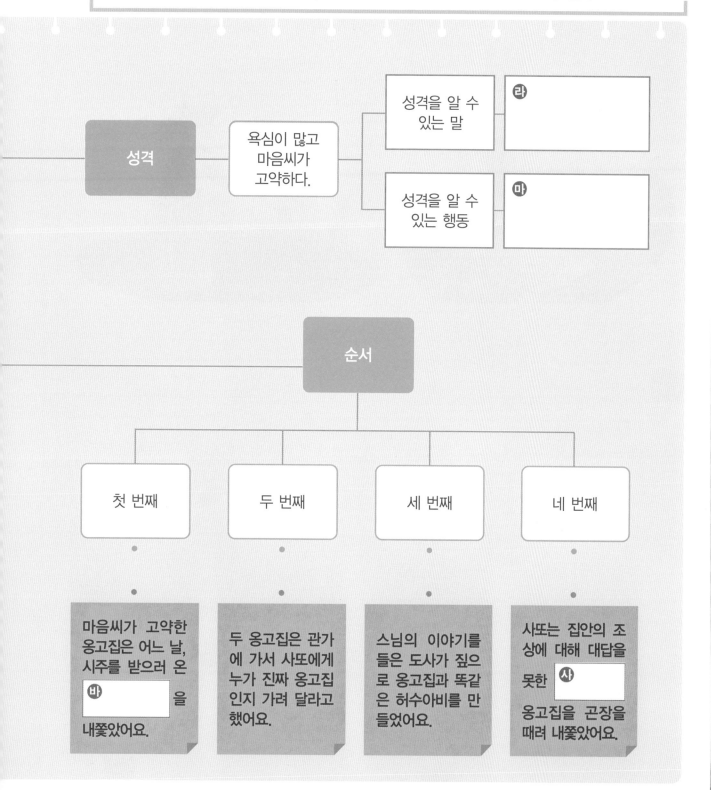

성격

욕심이 많고 마음씨가 고약하다.

성격을 알 수 있는 말 — 라

성격을 알 수 있는 행동 — 마

순서

첫 번째 · 두 번째 · 세 번째 · 네 번째

마음씨가 고약한 옹고집은 어느 날, 시주를 받으러 온 (바) 을 내쫓았어요.

두 옹고집은 관가에 가서 사또에게 누가 진짜 옹고집인지 가려 달라고 했어요.

스님의 이야기를 들은 도사가 짚으로 옹고집과 똑같은 허수아비를 만들었어요.

사또는 집안의 조상에 대해 대답을 못한 (사) 옹고집을 곤장을 때려 내쫓았어요.

1 다음은 이야기의 중요한 장면입니다. 각각의 장면에서 스님과 사또의 마음은 어땠을까요? 보기 에서 골라 답해 보세요.

중에게 줄 쌀은 한 톨도 없으니 당장 나가거라!

음, 이놈이 가짜군.

① 스님의 마음은?

② 사또의 마음은?

보기▶ 후련하다.   답답하다.   서럽다.   미안하다.

2 다음은 앞의 글을 읽은 친구들의 대화입니다. 이 글을 <u>잘못</u> 이해하고 있는 친구는 누구인가요?

① 살았던 때와 곳이 옛날, 어느 마을로 막연하게 제시되었어.

② 곤장을 맞고 마을에서 쫓겨난 진짜 옹고집은 자신의 잘못을 깨달아야 해.

③ 허수아비 옹고집은 마음씨가 착해서 진짜 옹고집을 도와주는 역할을 해.

④ 도사가 허수아비 옹고집을 만든 이유는 진짜 옹고집을 혼내 주기 위해서야.

 오늘 읽어 볼 글입니다. 차근차근 잘 읽고, 문제를 풀어 보세요.

　초등학교에 다니는 전국의 모든 어린이에게 미래 초등학교를 소개합니다. 우리 학교는 서울 ○○구에 있습니다. 바르고 슬기롭고 튼튼한 어린이를 키우는 것이 목표인 우리 학교는 많은 자랑거리를 가지고 있습니다.

　우리 학교는 50년이 훨씬 넘는 역사와 전통을 자랑합니다. 우리 아빠도, 우리 할아버지도 미래 초등학교 선배입니다.

　또 다른 자랑거리는 학교에서 운영하는 방과 전 프로그램과 방과 후 프로그램입니다. 방과 전 프로그램인 '아침 달리기'의 실시로 친구들은 일찍 학교에 나와 운동장을 달립니다. '아침 달리기'의 좋은 점은 머리를 맑게 하여 학습 능률을 높이고, 친구들이 꼬박꼬박 아침밥을 먹게 되었다는 것입니다. 방과 후 프로그램으로 부모님이 맞벌이를 하는 어린이는 밤 9시까지 특기 적성 교육을 받을 수 있습니다. 피아노, 영어 회화, 독서 논술 등 다양한 교육도 받고, 저렴한 가격으로 균형 잡힌 식사까지 해결할 수 있어서 인기가 아주 높습니다.

　미래 초등학교 정말 멋지지요? 앞으로도 우리 미래 초등학교의 발전을 지켜봐 주세요.

다음은 앞에서 읽은 글의 내용을 한눈에 볼 수 있도록 정리한 글밥지도입니다. 보기에서 알맞은 말을 골라 빈칸을 채워 보세요. 그리고 글에 알맞은 제목과 문단의 내용을 찾아 선으로 이어 보세요.

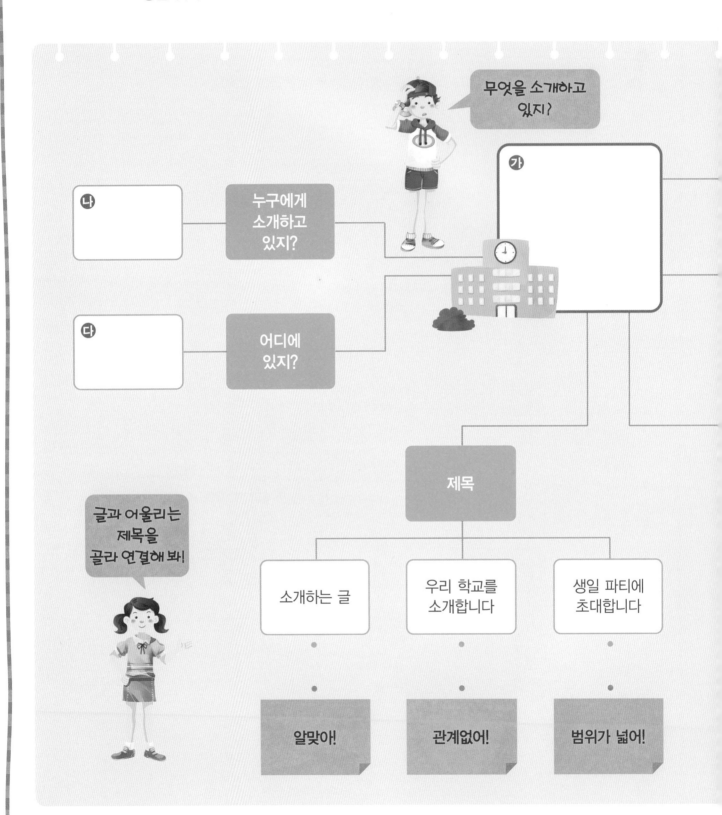

❶ 미래 초등학교　　❷ 피아노 학원　　❸ 서울 ○○구　　❹ 전국의 모든 어린이

❺ 무료 급식　　　❻ 수학 경시대회 1등 수상　　　❼ 방과 후 프로그램

❽ 바르고 슬기롭고 튼튼한 어린이를 키우는 것

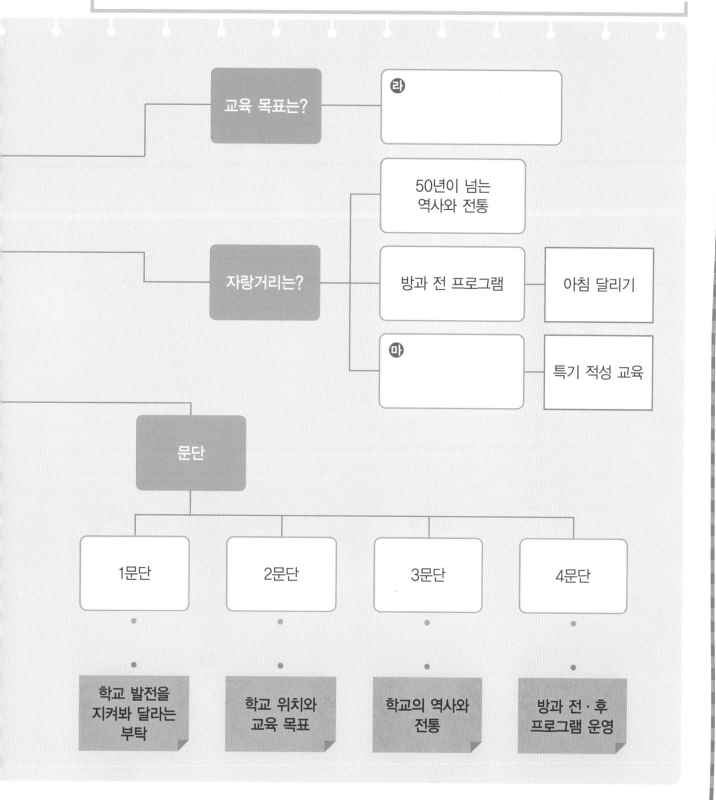

교육 목표는?　　　㉣

자랑거리는?

50년이 넘는 역사와 전통

방과 전 프로그램　　아침 달리기

㉤　　　　特기 적성 교육

문단

| 1문단 | 2문단 | 3문단 | 4문단 |

| 학교 발전을 지켜봐 달라는 부탁 | 학교 위치와 교육 목표 | 학교의 역사와 전통 | 방과 전·후 프로그램 운영 |

1 미래 초등학교를 소개하는 글을 읽고, 방과 전 프로그램의 장점에 해당하는 것에는 ○표, 방과 후 프로그램의 장점에 해당하는 것에는 △표 해 보세요.

미래 초등학교의 방과 전·후 프로그램 특징	
① 아이들이 꼬박꼬박 아침밥을 먹게 되었다.	☐
② 밤 9시까지 피아노, 영어 회화, 독서 논술 등 특기 적성 교육을 받을 수 있다.	☐
③ 저렴한 가격으로 균형 잡힌 식사까지 해결할 수 있다.	☐
④ 머리를 맑게 하여 학습 능률을 높인다.	☐

2 다음은 앞의 글을 읽은 친구들의 대화입니다. 이 글을 <u>잘못</u> 이해하고 있는 친구는 누구인가요?

① 전국의 모든 초등학교 학생에게 학교를 소개하고, 학교의 발전을 지켜봐 달라고 부탁하고 있어.

② 글쓴이의 할아버지와 아버지도 학교 선배인 걸 보면 역사가 아주 오래된 학교야.

③ 아침 일찍부터 달리기를 해서 어린이들의 체력이 약해졌대.

④ 학교의 교육 목표는 바르고 슬기롭고 튼튼한 어린이를 키우는 것이야.

 오늘 읽어 볼 글입니다. 차근차근 잘 읽고, 문제를 풀어 보세요.

친구 집에 놀러 갔다가 책장에서 책을 우연히 〈내 짝꿍 최영대〉라는 발견하여 읽어 보았다. 이 책은 주인공 영대의 같은 반 친구가 이야기를 하는 형식이라 더 흥미로웠다.

시골 학교에서 전학을 온 영대는 엄마도 없고 지저분하고, 말도 잘 못하고, 행동도 느려서 친구들에게 따돌림을 당한다. 모두 영대와 짝이 되길 싫어하여 결국 영대는 혼자 앉게 된다. 그러던 어느 날 영대와 친구들은 경주로 단체 여행을 떠난다. 경주에서도 영대는 내내 혼자였고 잠자리에 들 무렵 방귀를 뀌었다고 오해를 받는다. 친구들의 괴롭힘과 놀림에 영대는 끝내 울음을 터뜨리고 친구들은 영대의 울음에 미안한 마음이 들어 모두 함께 운다. 그리고 돌아오는 길에 친구들은 경주에서 산 예쁜 기념 배지를 영대의 가슴에 달아 준다.

자기보다 약하거나 부족한 점이 있는 사람을 놀리고 괴롭히는 것은 잘못된 행동이다. 따돌림 당하는 영대를 보면서 '나도 엄마가 없다면 저런 모습이겠지?' 하는 생각이 들자 영대가 너무 불쌍했다. 또 영대를 괴롭히는 친구들이 얄미웠고 나는 저런 행동을 하지 말아야겠다고 생각했다.

이 책에서 가장 인상 깊었던 장면은 영대가 큰 소리로 울음을 터뜨리는 장면이다. 반 친구들이 모두 우는 장면에서는 나도 울어 버렸다. 감동적인 책을 읽고 싶은 친구들이 있다면 이 책을 꼭 읽어 보았으면 좋겠다.

다음은 앞에서 읽은 글의 내용을 한눈에 볼 수 있도록 정리한 글밥지도입니다. 보기 에서 알맞은 말을 골라 빈칸을 채워 보세요. 그리고 글에 알맞은 제목과 책의 줄거리를 찾아 선으로 이어 보세요.

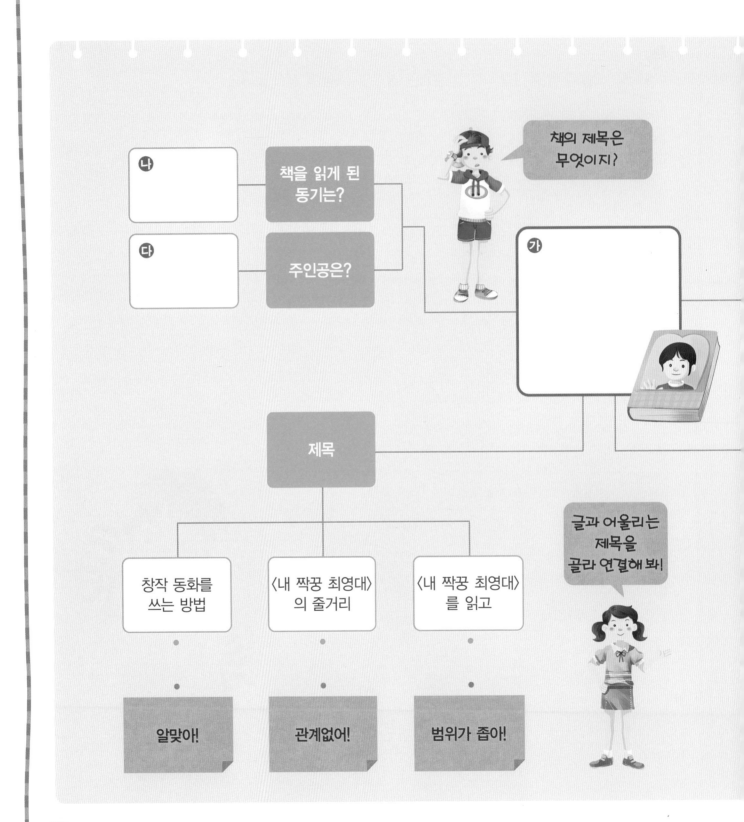

보기

① 최영대
② 내 짝꿍 최영대
③ 친구야, 사랑해!
④ 친구 집에서 우연히 발견해서
⑤ 외톨이 최영대
⑥ 친구에게 선물로 받아서
⑦ 영대를 괴롭히는 친구들이 얄미웠다.
⑧ 영대가 큰 소리로 울음을 터뜨리는 장면

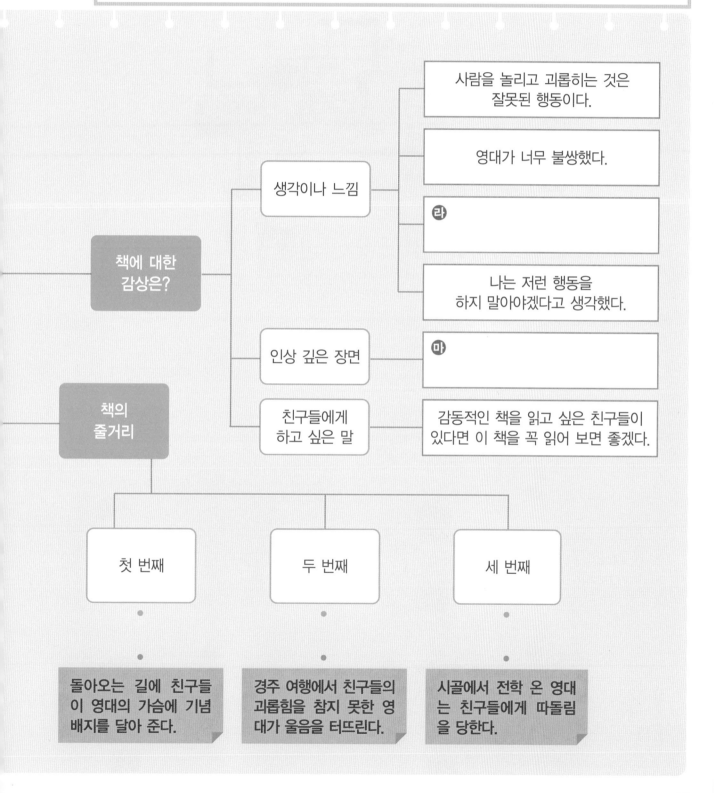

책에 대한 감상은?

생각이나 느낌
- 사람을 놀리고 괴롭히는 것은 잘못된 행동이다.
- 영대가 너무 불쌍했다.
- 라
- 나는 저런 행동을 하지 말아야겠다고 생각했다.

인상 깊은 장면
- 마

친구들에게 하고 싶은 말
- 감동적인 책을 읽고 싶은 친구들이 있다면 이 책을 꼭 읽어 보면 좋겠다.

책의 줄거리

첫 번째 · · 돌아오는 길에 친구들이 영대의 가슴에 기념 배지를 달아 준다.

두 번째 · · 경주 여행에서 친구들의 괴롭힘을 참지 못한 영대가 울음을 터뜨린다.

세 번째 · · 시골에서 전학 온 영대는 친구들에게 따돌림을 당한다.

1 다음은 따돌림을 당한 영대가 혼자 앉아 있는 모습입니다. 이때 영대의 마음으로 알맞지 <u>않은</u> 것을 골라 ∨표 해 보세요.

나도 친해지고 싶어.

| 우울하다. | | 외롭다. | | 설레다. | | 놀고 싶다. | |

2 다음은 앞의 글을 읽은 친구들의 대화입니다. 이 글을 가장 바르게 이해하고 있는 친구는 누구인가요?

① 이 글은 책의 제목과 줄거리만 나타나 있어.

② 책 속 주인공 영대는 외모는 지저분하지만 말도 잘하고 공부도 잘해서 아이들이 좋아했어.

③ 글쓴이가 읽은 책은 모험과 환상을 경험하고 싶은 친구들이 읽으면 좋을 것 같아.

④ 이 글에는 글쓴이의 생각과 느낌, 가장 인상 깊었던 장면 등이 자세하게 나타나 있어.

 오늘 읽어 볼 글입니다. 차근차근 잘 읽고, 문제를 풀어 보세요.

부모님께

엄마 아빠, 안녕하세요?

이제 곧 여름 방학이 돌아온다고 생각하니 정말 기뻐요. 이번 여름 방학에는 충남 태안군에 있는 만리포 해수욕장에 가요. 엄마 아빠께서 바쁘시지 않은 날로 정했으면 좋겠어요.

만리포 해수욕장은 백사장이 넓고, 모래가 고와서 해수욕장으로 매우 유명한 곳이래요. 또 해산물도 풍부하고 바다낚시도 할 수 있어서 재미있게 즐길 수 있대요. 민영이가 작년에 만리포 해수욕장에 놀러 갔다 온 사진을 보여 줬는데 바나나 보트를 타는 모습이 신이 나 보여서 정말 부러웠어요. 만리포 해수욕장에 놀러 가면 '여름 방학 때 즐거웠던 일' 그리기 숙제도 쉽게 할 수 있을 거예요. 그리고 우리 가족이 다 함께 놀러 갔다 오면 더 화목해질 것 같아요.

엄마 아빠, 이번 여름 방학에 만리포 해수욕장에 다녀오면 공부도 열심히 하고 부모님 말씀도 더 잘 들을게요. 사랑스러운 외아들의 소원을 꼭 들어주세요, 제발!

사랑스러운 외아들 승현이 올림

다음은 앞에서 읽은 글의 내용을 한눈에 볼 수 있도록 정리한 글밥지도입니다. 보기 에서 알맞은 말을 골라 빈칸을 채워 보세요. 그리고 글에 알맞은 제목과 글의 짜임 을 찾아 선으로 이어 보세요.

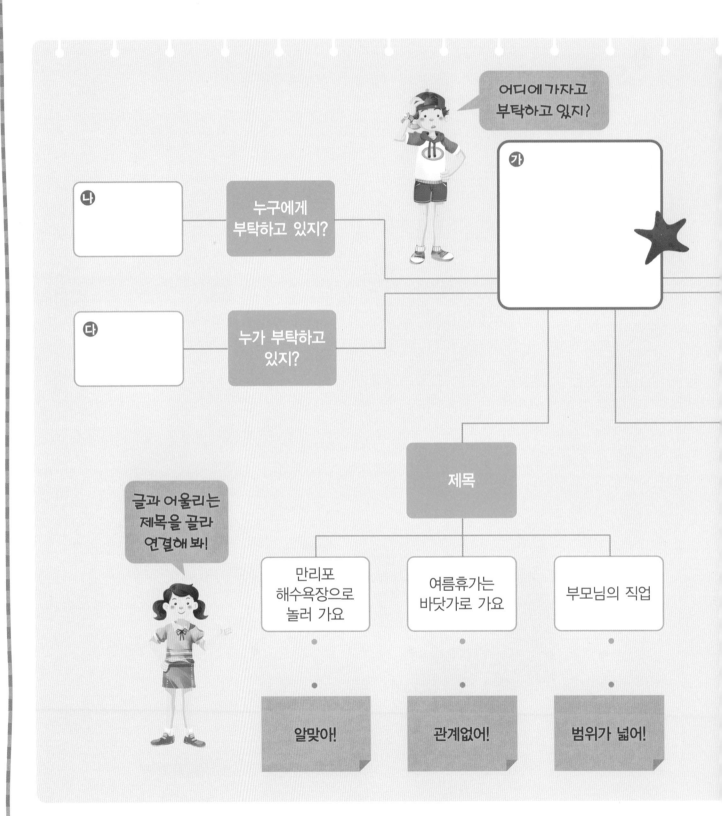

보기
① 설악산 국립 공원　　　② 만리포 해수욕장　　③ 승현
④ 부모님께　　⑤ 여름 방학　　⑥ 소원이 이루어진다.
⑦ 그리기 숙제도 쉽게 할 수 있다.　　⑧ 부탁하는 까닭은 무엇이지?

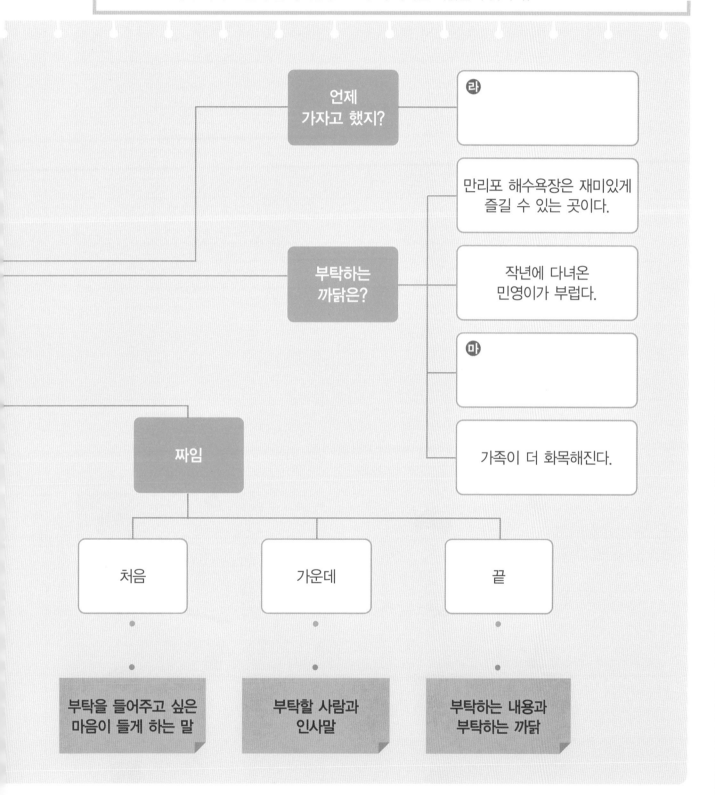

언제
가자고 했지?

라

부탁하는
까닭은?

만리포 해수욕장은 재미있게
즐길 수 있는 곳이다.

작년에 다녀온
민영이가 부럽다.

마

가족이 더 화목해진다.

짜임

처음

가운데

끝

부탁을 들어주고 싶은
마음이 들게 하는 말

부탁할 사람과
인사말

부탁하는 내용과
부탁하는 까닭

1 승현이는 부모님 입장을 생각하며 예의 바르게 부탁했습니다. 이런 승현이의 태도가 나타난 문장을 찾아 ○표 해 보세요.

승현이의 태도가 나타난 문장	
① 만리포 해수욕장에 다녀오면 공부도 열심히 하고 부모님 말씀도 더 잘 들을게요.	☐
② 이번 여름 방학에 충남 태안군에 있는 만리포 해수욕장에 가요.	☐
③ 엄마 아빠께서 바쁘시지 않은 날로 정했으면 좋겠어요.	☐
④ 사랑스러운 외아들의 소원을 꼭 들어주세요, 제발!	☐
⑤ 우리 가족이 다 함께 놀러 갔다 오면 더 화목해질 것 같아요.	☐

2 다음은 앞의 글을 읽은 친구들의 대화입니다. 이 글을 <u>잘못</u> 이해하고 있는 친구는 누구인가요?

① 승현이가 쓴 글에는 부탁하는 내용이 분명하게 드러나 있어.

② 승현이는 읽는 사람의 사정을 생각하지 않고 무조건 떼를 쓰며 부탁하고 있어.

③ 부탁을 들어주고 싶은 마음이 들게 하려고 앞으로의 다짐도 썼어.

④ 부모님의 마음을 생각하며 예의 바른 말을 사용했어.

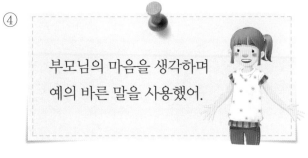

 오늘 읽어 볼 글입니다. 차근차근 잘 읽고, 문제를 풀어 보세요.

현수 누나에게

현수 누나, 안녕하세요. 저 호영이에요.

며칠 전에 저를 도와주신 일에 대해 고마운 마음을 전하려고 이렇게 편지를 써요.

그날 저는 친구 집에 놀러 갔다가 집에 돌아오는 길에 낯선 곳에서 길을 잃었어요. 친구 집에 갈 때는 버스를 타고 가면서 가까운 길이라고 생각하고 올 때는 걸어오기로 마음 먹었었어요. 그런데 돌아오다 보니 버스를 타고 갔던 길이라 헛갈리기 시작했어요. 걸으면 걸을수록 자꾸만 모르는 길로 빠져들었어요. 그때 당황한 내 곁에 누나가 다가오셨어요. 누나는 버스를 타고 가다가 나를 알아보고 급하게 내렸다고 하셨어요. 그냥 지나칠 수도 있었을 텐데 낯선 곳에서 이웃집 동생을 보고 바로 버스에서 내리다니…… 누나가 아니었다면 저는 길을 잃고 고생했을 거예요. 누나 덕분에 무사히 집으로 돌아왔어요. 정말 고맙습니다.

저도 누나처럼 언제나 어린 동생들을 도와줄 수 있는 마음이 따뜻한 사람이 되겠습니다. 이만 줄일게요.

누나, 안녕히 계세요.

○○월 ○○일

호영이가

다음은 앞에서 읽은 글의 내용을 한눈에 볼 수 있도록 정리한 글밥지도입니다. 보기
에서 알맞은 말을 골라 빈칸을 채워 보세요. 그리고 그날 일어난 일과 글에 알맞은
제목을 찾아 선으로 이어 보세요.

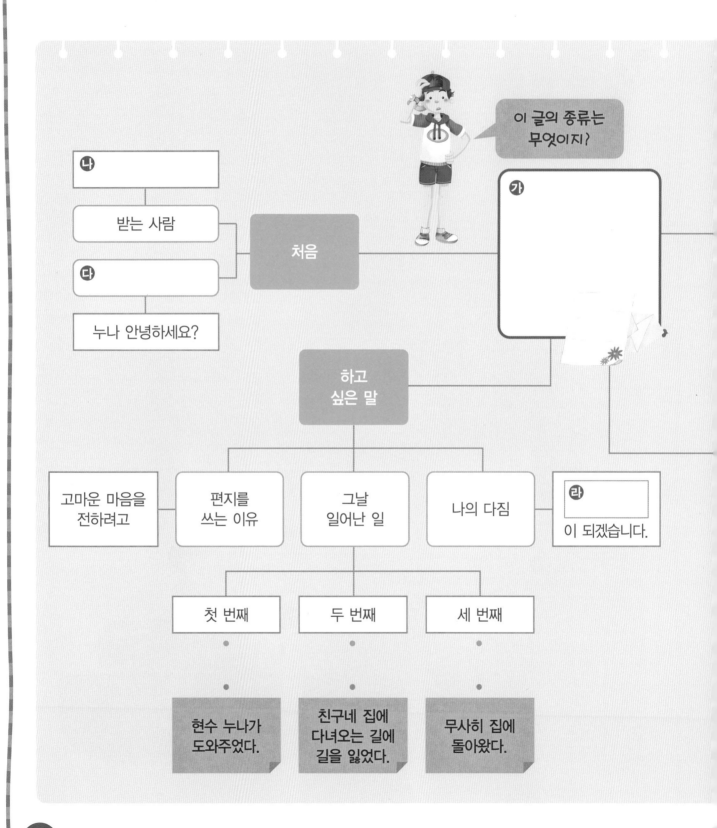

이 글의 종류는
무엇이지?

나

받는 사람

다

누나 안녕하세요?

처음

가

하고
싶은 말

고마운 마음을
전하려고

편지를
쓰는 이유

그날
일어난 일

나의 다짐

라

이 되겠습니다.

첫 번째

두 번째

세 번째

현수 누나가
도와주었다.

친구네 집에
다녀오는 길에
길을 잃었다.

무사히 집에
돌아왔다.

보기

① 위문 편지 ② 감사 편지 ③ 첫인사 ④ 현수 누나

⑤ 호영 누나 ⑥ 쓴 날짜 ⑦ 마음이 따뜻한 사람 ⑧ 호영

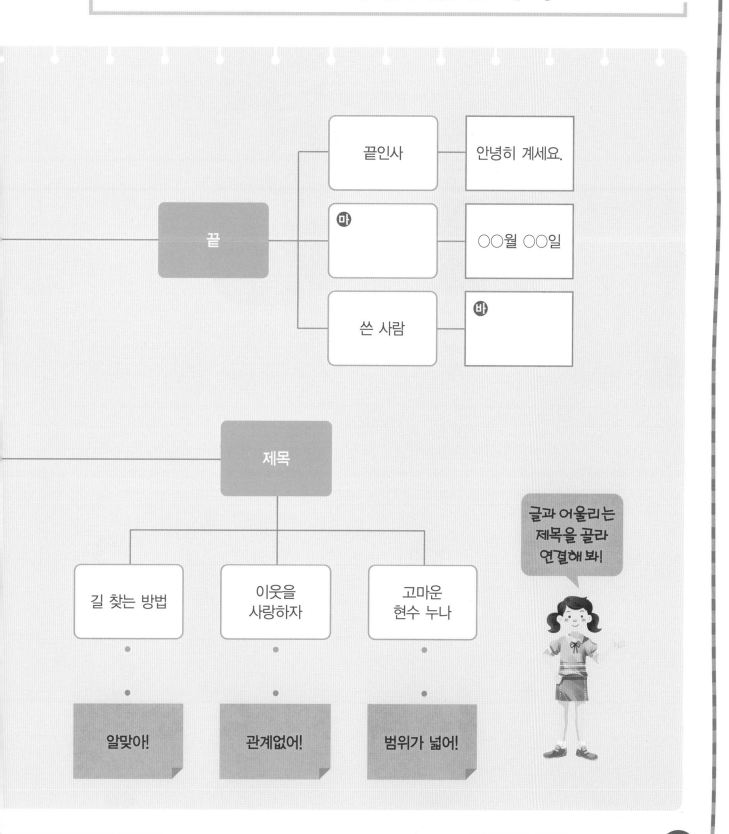

끝인사 — 안녕히 계세요.

끝 — 마 — ○○월 ○○일

쓴 사람 — 바

제목

길 찾는 방법 — 알맞아!

이웃을 사랑하자 — 관계없어!

고마운 현수 누나 — 범위가 넓어!

글과 어울리는 제목을 골라 연결해 봐!

1 다음은 편지글의 중요한 장면입니다. 이 장면에서 알 수 있는 현수 누나의 성격을 보기에서 골라 답해 보세요.

어? 호영이가 길을 잃었나 보다. 내가 도와주어야겠어.

보기

이기적이다. 　　　 배려심이 많다. 　　　 게으르다. 　　　 화를 잘 낸다.

2 다음은 앞의 글을 읽은 친구들의 대화입니다. 이 글을 잘못 이해하고 있는 친구는 누구인가요?

① 현수 누나의 도움이 없었다면 호영이는 더 많이 고생했을 거야.

② 글쓴이는 현수 누나의 따뜻한 마음을 본받고 싶어 해.

③ 받는 사람인 이웃집 누나에게 공손한 말을 사용하고 있어.

④ 이웃집 누나 때문에 어머니께 야단맞은 일을 원망하고 있어.

오늘 읽어 볼 글입니다. 차근차근 잘 읽고, 문제를 풀어 보세요.

일회용품을 멀리하는
당신은 멋쟁이

어린이 여러분, 빠르고 간편하다는 이유로
아직도 일회용품을 사용하고 있나요?

이제 일회용품을 멀리해야 합니다.

일회용 종이컵 : 썩는 데 20년
일회용 비닐봉지 : 썩는 데 50년
일회용 플라스틱 용기 : 썩는 데 500년

편리하다고 무조건
일회용품을 사용한다면
지구는 10년 안에 폭발할 것입니다.

일회용품, 하루 하나씩만 줄여도
깨끗한 환경을 만들 수 있습니다.

글밥지도 그리기

다음은 앞에서 읽은 글의 내용을 한눈에 볼 수 있도록 정리한 글밥지도입니다. 보기에서 알맞은 말을 골라 빈칸을 채워 보세요. 그리고 이 광고를 통해 전달하고자 하는 것이 무엇인지 찾아 선으로 이어 보세요.

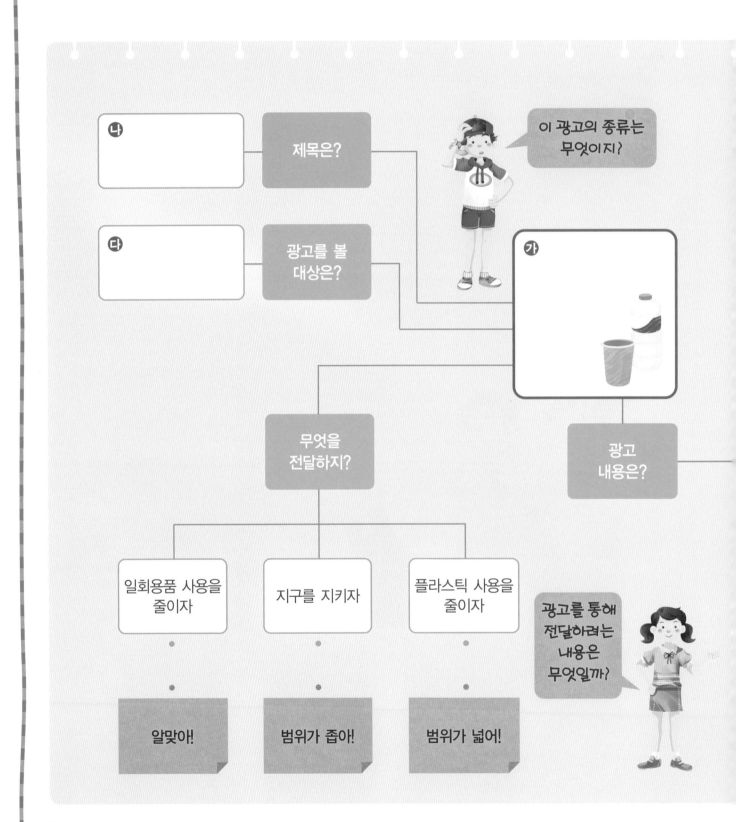

나 [   ]

제목은?

이 광고의 종류는 무엇이지?

다 [   ]

광고를 볼 대상은?

가 [   ]

무엇을 전달하지?

광고 내용은?

일회용품 사용을 줄이자

지구를 지키자

플라스틱 사용을 줄이자

광고를 통해 전달하려는 내용은 무엇일까?

알맞아!

범위가 좁아!

범위가 넓어!

보기

① 공익 광고   ② 할머니   ③ 어린이   ④ 일회용품을 멀리하는 당신은 멋쟁이

⑤ 썩는 데 20년   ⑥ 썩는 데 500년   ⑦ 애용해야   ⑧ 멀리해야

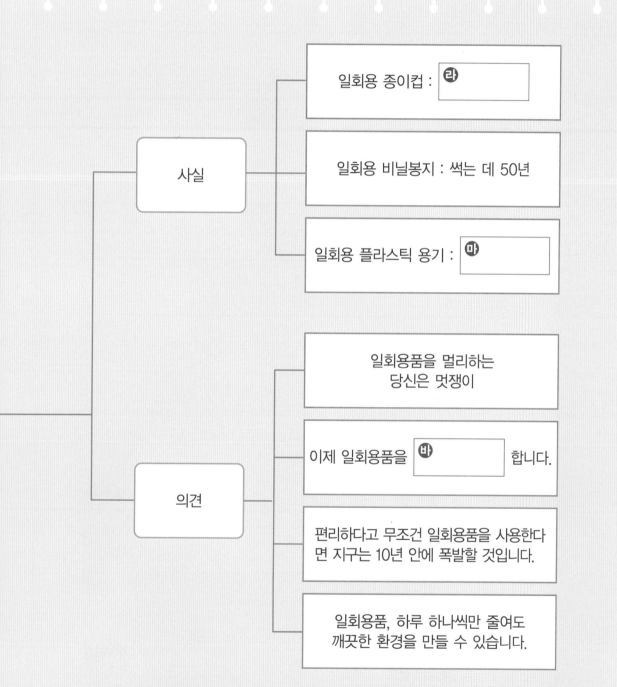

사실
- 일회용 종이컵 : 라
- 일회용 비닐봉지 : 썩는 데 50년
- 일회용 플라스틱 용기 : 마

의견
- 일회용품을 멀리하는 당신은 멋쟁이
- 이제 일회용품을 바 합니다.
- 편리하다고 무조건 일회용품을 사용한다면 지구는 10년 안에 폭발할 것입니다.
- 일회용품, 하루 하나씩만 줄여도 깨끗한 환경을 만들 수 있습니다.

● **광고의 종류** : ㉠ 상업 광고 – 상품의 특징과 좋은 점을 알리기 위한 광고

㉡ 기업 광고 – 기업에 대한 좋은 인상을 심어 주기 위한 광고

㉢ 공익 광고 – 기업이나 단체가 공공의 이익을 목적으로 하는 광고

1 다음 광고의 주제와 제목을 읽고, 이에 어울리는 광고 내용으로 알맞지 <u>않은</u> 것을 골라 ∨표 해 보세요.

주제	일회용품 사용을 줄이자.
제목	일회용품을 멀리하는 당신은 멋쟁이
광고 내용	① 일회용품을 멀리해야 합니다.
	② 일회용품 쓰레기는 썩는 데 걸리는 시간이 오래 걸려 지구를 오염시킵니다.
	③ 깨끗하고 빠른.일회용품 없이는 단 1초도 살 수 없습니다.
	④ 하루에 하나씩만 줄여도 깨끗한 환경을 만들 수 있습니다.

2 다음은 앞의 광고문을 읽은 친구들의 대화입니다. 가장 타당하지 <u>못한</u> 의견을 낸 친구는 누구인가요?

① 광고문을 쓸 때에는 과장이나 거짓 표현을 피해야 하는데 이 글에는 과장된 표현이 있어.

② 이 광고문은 일회용품 사용을 줄이자는 내용의 공익 광고야.

③ 이 광고는 상품의 장점을 잘 드러내 사고 싶은 마음이 들게 하는 상업 광고야.

④ 광고문을 읽을 때는 사실과 의견을 잘 구분하며 읽어야 해.

 오늘 읽어 볼 글입니다. 차근차근 잘 읽고, 문제를 풀어 보세요.

20○○년 ○○월 ○○일　　　　　　　　　　　　날씨 : 해님이 쨍쨍

　꽃님이는 한쪽 다리가 불편한 친구이다. 그래서 남자아이들은 꽃님이를 '장애자'라고 놀린다. 나는 2학년 때까지 꽃님이와 친하게 지냈다. 꽃님이를 놀리는 아이들이 있으면 "야, 놀리지 마."라고 대신 혼내 주었다. 그런데 지금은 아이들이 꽃님이를 심하게 놀리니까 함께 어울리기가 싫어졌다. 그래서 꽃님이와 친하게 지내지 않았다.

　그런데 오늘 집에 돌아와서 학교에 실내화 주머니를 두고 왔다는 것을 알았다. 깜짝 놀라서 걱정하고 있는데 꽃님이가 내 실내화 주머니를 가지고 왔다. 꽃님이는 얼마나 힘이 들었는지 땀을 뻘뻘 흘리고 있었다. 꽃님이는 실내화 주머니를 나에게 전해 주며 밝게 웃었다.

　'내가 놀아 주지 않아서 서운했을 텐데 우리 집까지 찾아와 주다니…….'

　돌아가는 꽃님이 뒷모습을 보니 고맙고 미안해서 눈물이 핑 돌았다.

　'꽃님아, 미안해. 내가 너의 친구가 되어 줄게.'

　몸이 불편하다는 이유로 마음이 따뜻하고 착한 꽃님이를 멀리했던 것이 후회되었다.

　내일부터 꽃님이를 놀리는 아이들을 혼내 주어야겠다.

　앞으로는 우리 반 친구들도 모두 꽃님이와 친구가 되었으면 좋겠다.

 글밥지도
그리기

다음은 앞에서 읽은 글의 내용을 한눈에 볼 수 있도록 정리한 글밥지도입니다. 보기
에서 알맞은 말을 골라 빈칸을 채워 보세요. 그리고 글에 알맞은 제목을 찾아 선으
로 이어 보세요.

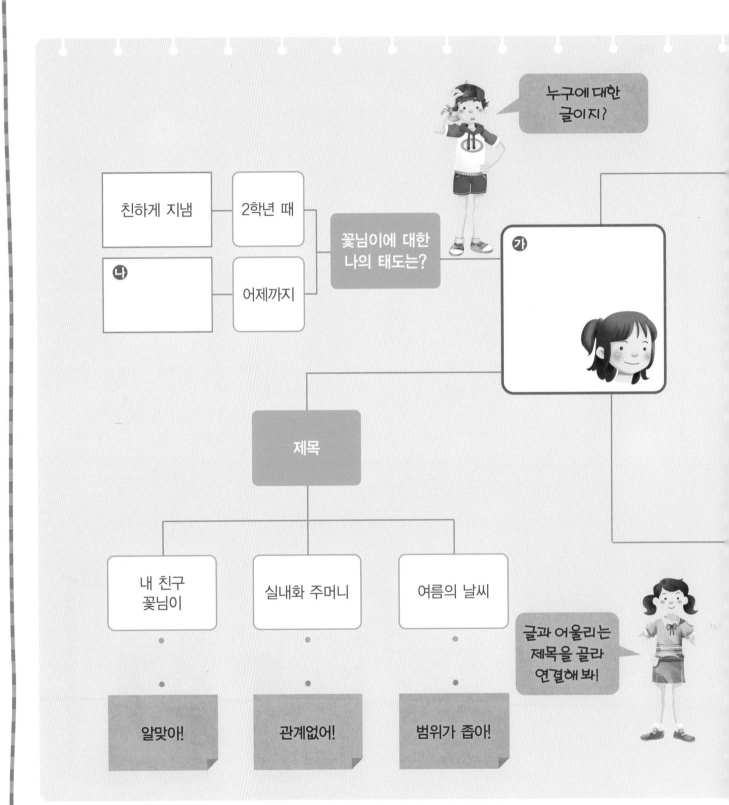

누구에 대한
글이지?

친하게 지냄 — 2학년 때

나

어제까지

꽃님이에 대한
나의 태도는?

가

제목

내 친구
꽃님이

실내화 주머니

여름의 날씨

글과 어울리는
제목을 골라
연결해 봐!

알맞아!

관계없어!

범위가 좁아!

보기

① 친하게 지내지 않음　　② 우리 반 친구들　　③ 꽃님이

④ 마음이 따뜻하고 착하다.　　⑤ 고맙고 미안해서　　⑥ 실내화 주머니

⑦ 창피하고 귀찮아서　　⑧ 꽃님이를 멀리했던 것이 후회되었다.

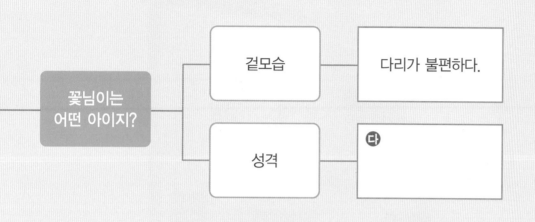

꽃님이는 어떤 아이지?

겉모습 ── 다리가 불편하다.

성격 ── 다

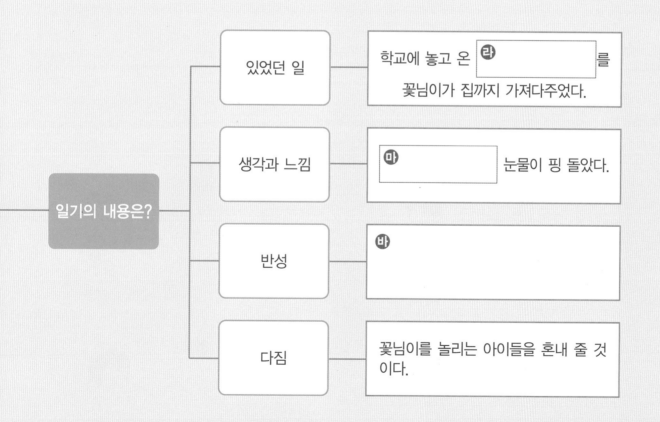

일기의 내용은?

있었던 일 ── 학교에 놓고 온 라 　　　　　를 꽃님이가 집까지 가져다주었다.

생각과 느낌 ── 마 　　　　　눈물이 핑 돌았다.

반성 ── 바

다짐 ── 꽃님이를 놀리는 아이들을 혼내 줄 것이다.

1 다음은 앞에서 읽은 글의 중요한 장면입니다. 이 장면에서 꽃님이에 대한 글 쓴이의 마음으로 알맞지 <u>않은</u> 것을 골라 ∨표 해 보세요.

> 실내화 주머니를 두고 갔길래 가져 왔어.

부끄럽다.		미안하다.		귀찮다.		고맙다.	

2 다음은 앞의 글을 읽은 친구들의 대화입니다. 이 글을 <u>잘못</u> 이해하고 있는 친구는 누구인가요?

① 이 글을 쓴 주인공은 다시 꽃님이의 친구가 되겠다고 다짐했어.

② 글쓴이는 실내화 주머니를 가져다준 꽃님이를 미워하 고 있어.

③ 글쓴이는 꽃님이가 몸이 불 편하다는 이유로 멀리한 것 을 반성하고 있어.

④ 이 일기를 쓴 날은 아주 맑았어.

 오늘 읽어 볼 글입니다. 차근차근 잘 읽고, 문제를 풀어 보세요.

○○공원을 이용하시는 시민 여러분 안녕하십니까?

도심에 위치한 ○○공원은 주민들의 휴식 공간 마련을 위해 운영되는 곳입니다. 모두에게 편안하고 아름다운 휴식 공간이 될 수 있도록 아래 사항을 유의하여 이용하시기 바랍니다.

〈공원 이용 시 유의 사항〉

• 자전거, 오토바이, 인라인스케이트 등의 진입을 금합니다.❶

• 애완동물 출입 시에는 목줄과 변❷ 처리 도구를 지참하여야 합니다.

• 공원의 꽃이나 나무의 훼손❸을 금합니다.

• 음식을 해 먹거나 술을 마시는 행위를 금합니다.

• 이용 시간은 아침 6시부터 밤 12시까지입니다.

궁금한 점이 있으면 관리 사무소로 전화해 주십시오.

(전화번호 : ○○○ – ○○○○)

○○공원 관리 사무소장

❶ **금하다** : 어떤 일을 하지 못하게 말리다

❷ **변** : 대변과 소변을 아울러 이르는 말 주로 대변을 이른다

❸ **훼손** : 헐거나 깨뜨려 못 쓰게 만듦

글밥지도 그리기

다음은 앞에서 읽은 글의 내용을 한눈에 볼 수 있도록 정리한 글밥지도입니다. 보기 에서 알맞은 말을 골라 빈칸을 채워 보세요. 그리고 글에 알맞은 제목과 글의 짜임을 찾아 선으로 이어 보세요.

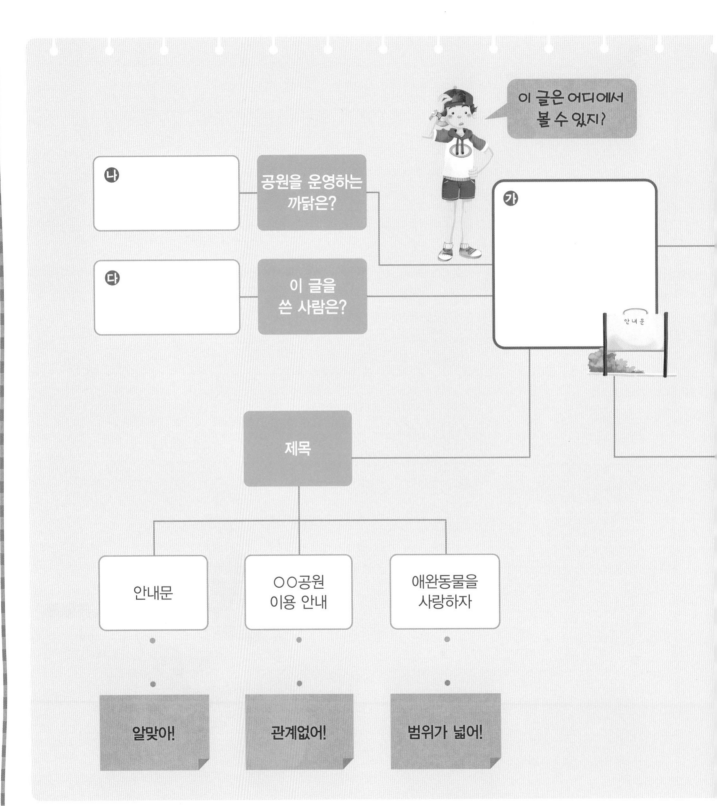

이 글은 어디에서 볼 수 있지?

나

공원을 운영하는 까닭은?

다

이 글을 쓴 사람은?

가

안내문

제목

안내문

○○공원 이용 안내

애완동물을 사랑하자

알맞아!

관계없어!

범위가 넓어!

보기
❶ 입장료 수입 　❷ ○○공원 　❸ ○○공원 관리 사무소장
❹ 주민들의 휴식 공간 마련 　　　❺ 공원 특징 　❻ 청소년 도서관 이용 방법
❼ 자전거, 오토바이, 인라인스케이트 　❽ 공원 이용 시 유의 사항

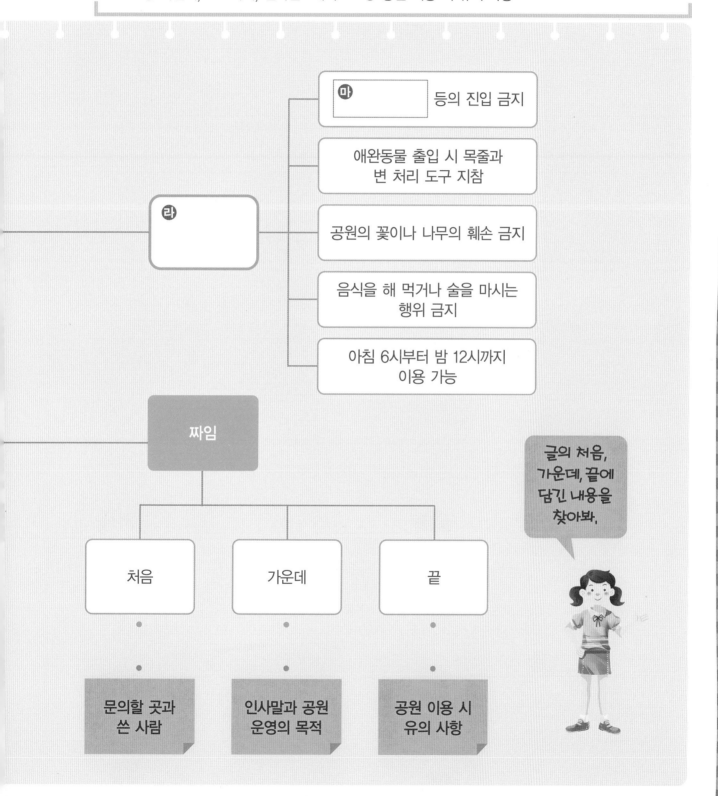

| **마** 등의 진입 금지 |
| 애완동물 출입 시 목줄과 변 처리 도구 지참 |
| 공원의 꽃이나 나무의 훼손 금지 |
| 음식을 해 먹거나 술을 마시는 행위 금지 |
| 아침 6시부터 밤 12시까지 이용 가능 |

라

짜임

처음	가운데	끝
문의할 곳과 쓴 사람	인사말과 공원 운영의 목적	공원 이용 시 유의 사항

글의 처음, 가운데, 끝에 담긴 내용을 찾아봐.

1 다음은 앞의 안내문을 읽고 부모님께 전해 드릴 내용만 따로 정리한 것입니다. 보기에서 알맞은 말을 골라 답해 보세요.

부모님께 전할 내용	
①	○○공원
공원을 운영하는 까닭	주민들의 휴식 공간 마련을 위하여
유의 사항	애완견 출입 시 ② 를 지참해야 합니다. 이용 시간은 아침 ③ 부터 밤 ④ 까지입니다.

보기

공원 이름	목줄과 변 처리 도구	12시	6시

2 다음은 앞의 글을 읽은 친구들의 대화입니다. 이 글을 잘못 이해하고 있는 친구는 누구인가요?

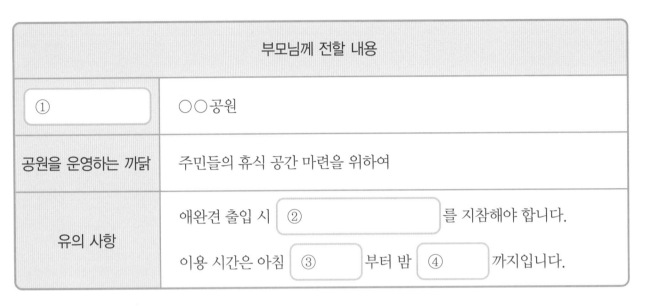

① 이 글은 공원 이용 안내문으로 공원을 이용할 때 지켜야 할 다섯 가지 규칙을 알려 주고 있어.

② 유의 사항을 지키지 않았을 때는 벌금 10만 원을 내야 해.

③ 아침 6시 이전이나 밤 12시 이후에는 이용할 수 없어.

④ 이 공원을 운영하는 까닭은 지역 주민의 휴식 공간 마련을 위해서야.

오늘 읽어 볼 글입니다. 차근차근 잘 읽고, 문제를 풀어 보세요.

　우리 가족은 지난 9월 부모님의 결혼기념일을 축하하기 위하여 강원도 봉평을 여행하였습니다. 아름다운 메밀꽃도 보고 맛있는 음식도 먹을 생각에 떠나기 전부터 마음이 많이 설레었습니다.

　서울에서 출발하여 자동차로 2시간쯤 달려 봉평 장터에 도착하여 재래시장의 풍경을 살펴보고 식당에서 메밀묵과 메밀 막국수를 먹었습니다. 식당 주인아저씨가 메밀은 정신을 맑게 해 주고 변비에도 효과가 있다고 알려 주었습니다.

　장터 앞에는 소설가 이효석의 문학적 업적을 기리기 위해 세웠다는 가산 공원이 있었습니다. 우리 가족은 공원에서 이효석 동상과 문학비를 살펴본 뒤, 이효석 생가❶로 가기 위해 가산 공원 앞을 흐르는 흥정천을 건넜습니다. 흥정천을 건너면서 처음으로 섶 다리를 보았습니다. 섶 다리는 소나무 기둥을 2~3미터 간격으로 박고 그 위를 소나무 가지들로 얽은 다음 황토 흙으로 덮어 만들었습니다.

　이효석 생가 앞은 양옆으로 끝없이 하얀 메밀꽃 밭이 펼쳐져 있었습니다. 너무 아름다워서 나도 모르게 '와!' 하고 탄성을 내질렀습니다.

　이번 여행을 통해 봉평을 배경으로 〈메밀꽃 필 무렵〉이란 소설을 남긴 이효석 작가를 더 가깝게 느낄 수 있었습니다. 그리고 기회가 된다면 온 마을이 메밀꽃으로 가득한 아름다운 봉평을 다시 찾고 싶습니다.

❶ **생가** : 어떤 사람이 태어난 집

다음은 앞에서 읽은 글의 내용을 한눈에 볼 수 있도록 정리한 글밥지도입니다. 보기 에서 알맞은 말을 골라 빈칸을 채워 보세요. 그리고 글에 알맞은 제목과 여행지에서 본 것을 찾아 선으로 이어 보세요.

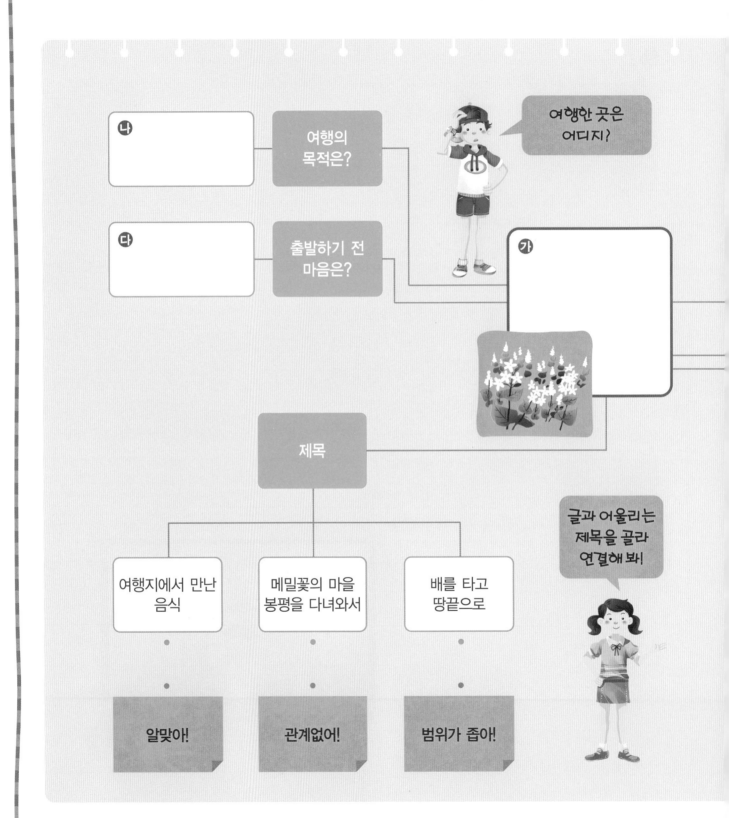

보기

① 부모님의 결혼기념일을 축하하기 위하여   ② 서울   ③ 봉평

④ 마음이 많이 설렘   ⑤ 이효석 작가가 더 가깝게 느껴졌다.

⑥ 메밀을 먹으면 좋은 점   ⑦ 이효석의 성격   ⑧ 숙제를 하기 위하여

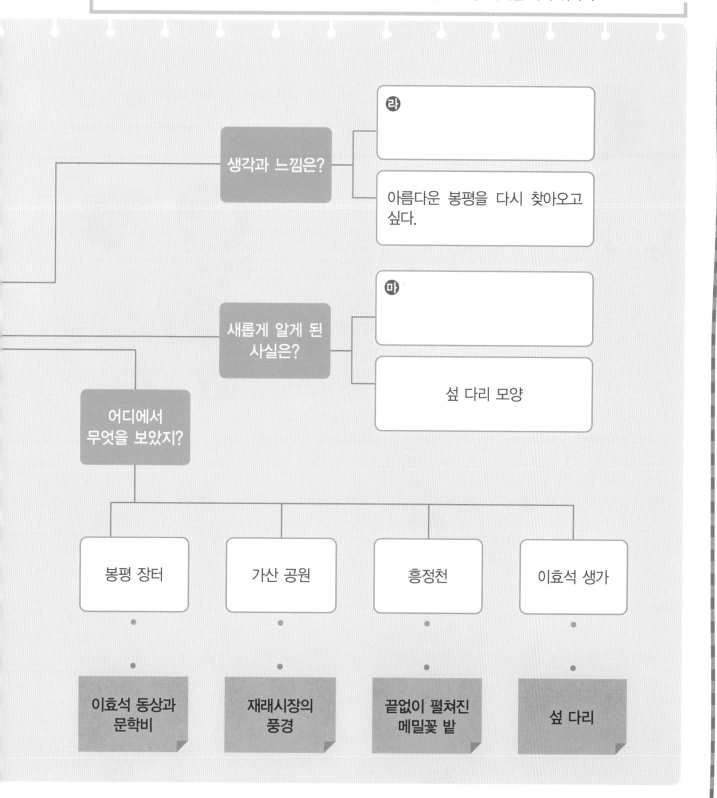

생각과 느낌은?

라

아름다운 봉평을 다시 찾아오고 싶다.

새롭게 알게 된 사실은?

마

섶 다리 모양

어디에서 무엇을 보았지?

봉평 장터	가산 공원	흥정천	이효석 생가
이효석 동상과 문학비	재래시장의 풍경	끝없이 펼쳐진 메밀꽃 밭	섶 다리

1 다음은 글쓴이가 이효석의 생가 앞에서 메밀꽃을 보고 감탄하는 모습입니다. 친구들이라면 아름다운 메밀꽃 물결을 보고 어떻게 느꼈을지 말풍선 안에 써 보세요.

와, 너무 아름다워!

2 다음은 앞의 글을 읽은 친구들의 대화입니다. 이 글을 <u>잘못</u> 이해하고 있는 친구는 누구인가요?

① 글쓴이는 여행을 떠나기 전에 무척 설레었다고 했어.

② 여행한 곳과 그곳에서 보고 들은 내용이 잘 드러나 있어.

③ 선생님과 같은 반 친구들이 수학여행을 다녀 온 뒤에 쓴 글이야.

④ 이 글을 읽고 나도 봉평에 가 보고 싶어졌어.

 오늘 읽어 볼 글입니다. 차근차근 잘 읽고, 문제를 풀어 보세요.

윷놀이는 편을 갈라 윷으로 승부를 겨루는 우리나라의 민속놀이입니다. 신라 시대 이전에 생겨났다고 전해지는 윷놀이는 원래 농사의 풍흉⁰이나 한 해의 좋은 일과 나쁜 일을 점치는 점술⁰ 도구로 시작했지만 점차 놀이로 변하였습니다.

윷놀이는 두 편 이상의 사람이 차례로 네 개의 윷가락을 던져, 나오는 결과에 따라 윷판 위에 말을 놓습니다. 모든 말이 윷판을 돌아 시작점으로 먼저 돌아오면 이기는 놀이입니다.

윷은 가락윷, 콩윷, 종지윷 등이 있습니다. 가락윷은 엿가락처럼 생겼다고 해서 붙여진 이름입니다. 주로 박달나무로 만들었으며 어른의 엄지손가락 굵기에 길이는 한 뼘 정도입니다. 경기도와 충청도, 경상도에서 주로 가락윷을 즐깁니다. 콩윷은 말 그대로 콩을 반으로 쪼개 만들었다고 해서 붙여진 이름입니다. 주로 북부 지방에서 콩윷을 즐깁니다. 종지윷은 간장 종지에 담아서 던져 붙여진 이름입니다. 밤윷이라고도 하며 어린아이 손가락 굵기 정도에, 길이는 3cm 정도입니다. 주로 전라도나 제주도에서 종지윷을 즐깁니다.

오늘날에도 정월이 되면 많은 사람이 윷놀이를 즐기고 있습니다. 윷놀이는 여러 사람과 함께하는 놀이로 협동심을 기를 수 있고, 규칙을 지킴으로써 상대편을 존중할 줄 아는 사회성도 기를 수 있습니다.

❶ **풍흉** : 풍년과 흉년

❷ **점술** : 미래의 일을 예언하는 일

다음은 앞에서 읽은 글의 내용을 한눈에 볼 수 있도록 정리한 글밥지도입니다. 보기 에서 알맞은 말을 골라 빈칸을 채워 보세요. 그리고 글에 알맞은 제목과 각 문단의 내용을 찾아 선으로 이어 보세요.

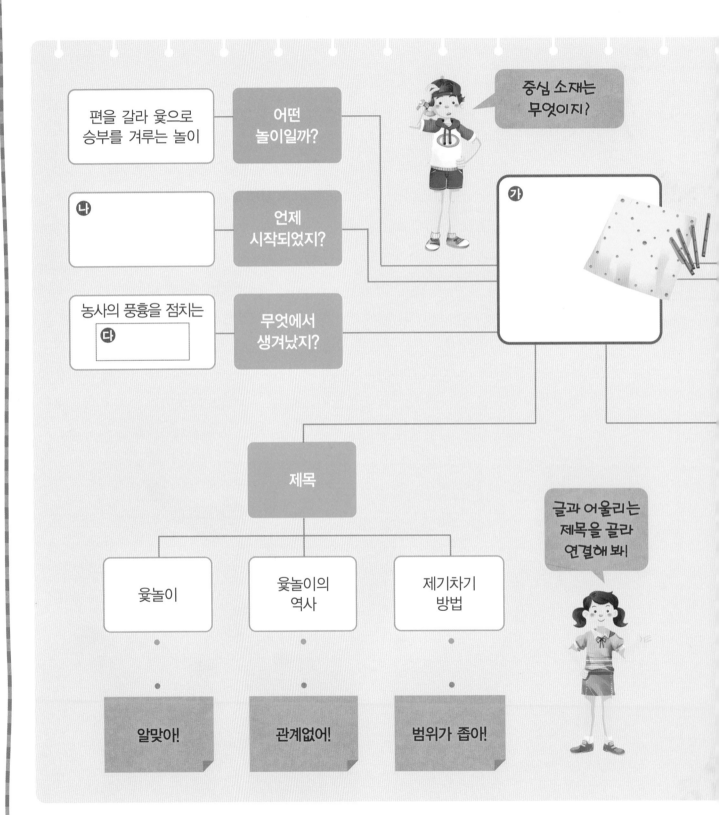

편을 갈라 윷으로 승부를 겨루는 놀이

어떤 놀이일까?

중심 소재는 무엇이지?

나

언제 시작되었지?

가

농사의 풍흉을 점치는 다

무엇에서 생겨났지?

제목

윷놀이   윷놀이의 역사   제기차기 방법

알맞아!   관계없어!   범위가 좁아!

글과 어울리는 제목을 골라 연결해 봐!

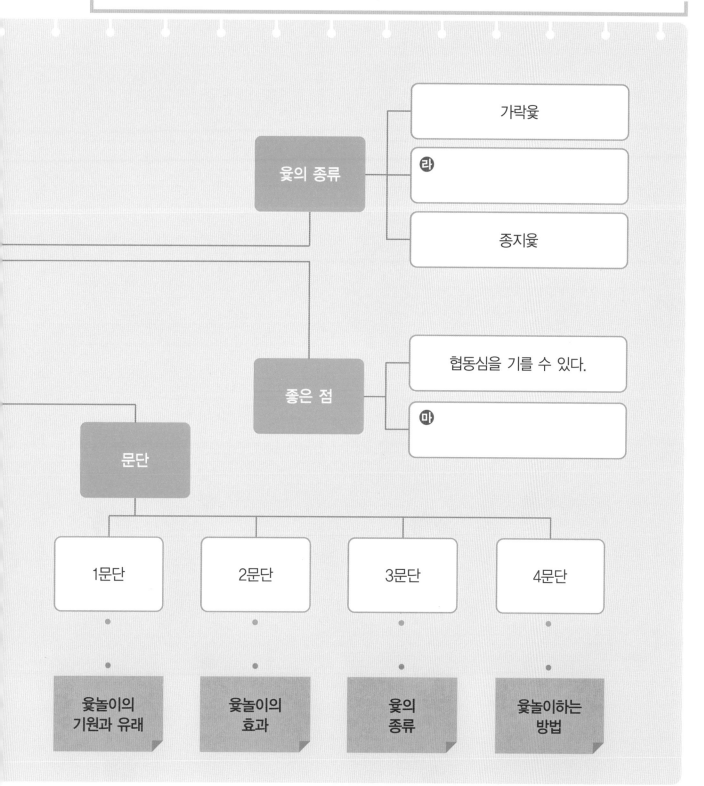

1 다음은 윷의 종류를 윷의 모양과 즐기는 지역으로 분류하여 정리한 것입니다.
보기에서 알맞은 말을 골라 답해 보세요.

	윷의 모양	즐기는 지역
가락윷	① ㅤㅤㅤㅤ 처럼 생겼으며 어른의 엄지손가락 굵기에 길이는 한 뼘 정도입니다.	경기도, 충청도, 경상도
콩윷	콩을 반으로 쪼개 만듭니다.	②
종지윷	어린아이 ③ ㅤㅤ 굵기 정도에, 길이는 3cm 정도입니다.	④

보기 엿가락   북부 지방   전라도, 제주도   손가락   강원도

2 다음은 앞의 글을 읽은 친구들의 대화입니다. 이 글을 <u>잘못</u> 이해하고 있는 친구는 누구인가요?

① 윷의 종류에는 가락윷, 콩윷, 종지윷 등이 있어.

② 윷놀이는 삼국 시대 이전부터 전해 내려온 우리 민족의 민속놀이야.

③ 윷놀이는 원래 미국에서 시작되어 최근에 우리나라에 전해진 놀이야.

④ 윷으로 좋은 일과 나쁜 일을 점쳤다니 정말 재미있어.

 오늘 읽어 볼 글입니다. 차근차근 잘 읽고, 문제를 풀어 보세요.

때 : 옛날

곳 : 어느 마을

등장인물 : 아버지, 아들, 청년, 여인, 어르신, 아이들

크게 들리던 매미 소리가 점점 작아지면, 당나귀의 고삐를 잡고 아버지와 아들이 무대 쪽으로 걸어 나온다.

아버지 : 애야, 어서 장으로 당나귀를 팔러 가자.

청년 : (아버지와 아들을 손가락으로 가리키며) 저 바보들 좀 봐. 이 더운 날 당나귀를 타지도 않고 걸어오고 있네.

아버지 : (청년의 말을 듣고, 당나귀에 올라타며) 애야, 사람들 말대로 내가 당나귀를 타고 가는 것이 좋겠다.

여인 : 저런 인정머리 없는 사람 같으니라고. 어린 아들을 걷게 하다니.

아버지 : (얼른 당나귀에서 내리며) 애야, 네가 얼른 올라타거라.

어르신 : (당나귀에 올라타는 아들을 보며) 쯧쯧, 불효막심한 놈 같으니라고. 이 더운 날 아버지를 걸어가게 하다니…….

– 중략 –

아버지와 아들은 당나귀를 긴 장대에 묶어 어깨에 메고 개천이 있는 쪽으로 걸어간다.

아이들 : 하하하, 저 꼴 좀 봐. 당나귀를 타지 않고 메고 가는 사람들도 있네.

아버지와 아들 : (아이들의 웃음소리에 놀라 당나귀를 떨어뜨리며) 아이코.

57

글밥지도 그리기

다음은 앞에서 읽은 글의 내용을 한눈에 볼 수 있도록 정리한 글밥지도입니다. 보기 에서 알맞은 말을 골라 빈칸을 채워 보세요. 그리고 글에 알맞은 제목과 이야기의 순서를 찾아 선으로 이어 보세요.

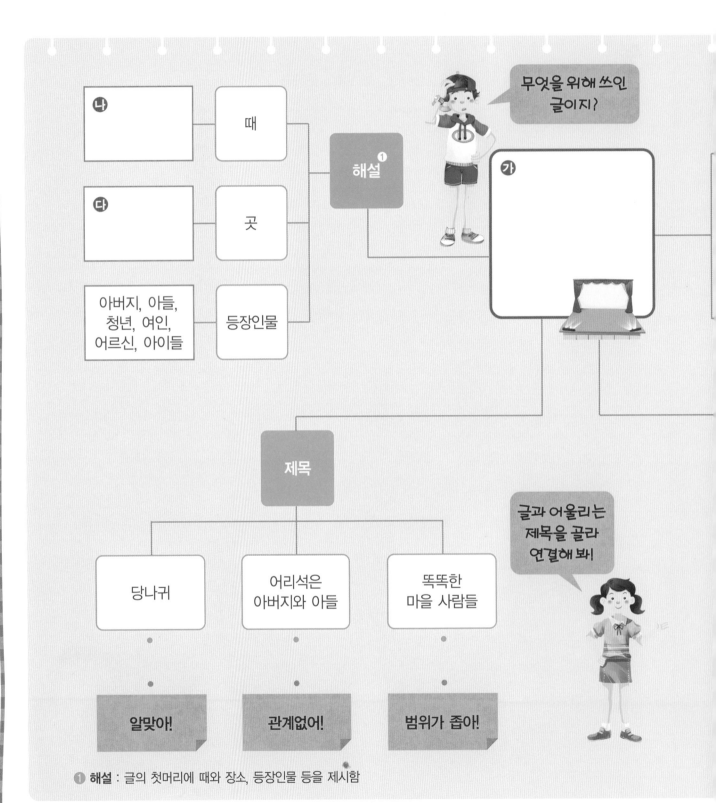

나

다

아버지, 아들, 청년, 여인, 어르신, 아이들

때

곳

등장인물

해설❶

무엇을 위해 쓰인 글이지?

가

제목

당나귀

어리석은 아버지와 아들

똑똑한 마을 사람들

글과 어울리는 제목을 골라 연결해 봐!

알맞아!

관계없어!

범위가 좁아!

❶ 해설 : 글의 첫머리에 때와 장소, 등장인물 등을 제시함

보기

❶ 옛날　　　　❷ 연극　　　　❸ 어느 마을　　　　❹ 옛이야기

❺ 자기 생각이 없고 어리석다.　　　　❻ 사람들의 말에 따라

❼ 깊이 생각한 끝에　　　　❽ 당나귀

지문❷ ─── 행동 지시 ─── 당나귀에 올라타며

지문❷ ─── 무대 지시 ─── 크게 들리던 매미 소리가 점점 작아지면

대사❸ ─── 아버지의 성격 ─── 라

순서

첫 번째	두 번째	세 번째	네 번째
당나귀를 긴 장대에 묶어 어깨에 메고 간다.	마 당나귀를 타고 내리기를 반복한다.	메고 가던 바 를 떨어뜨린다.	아버지와 아들이 당나귀를 팔러 장으로 간다.

❷ **지문(지시문)** : 글의 중간 중간 인물의 행동, 표정, 심리, 말투, 순서와 방향 등을 지시함

❸ **대사** : 등장인물이 하는 말

1 다음은 이야기의 중요한 장면입니다. 아버지와 아들은 마을 사람들의 어떤 말을 듣고 이렇게 행동했을지 찾아 ○표 해 보세요.

이렇게 더운 날 당나귀를 타고 가다니, 당나귀가 고생이군. ☐

당나귀보다야 사람이 중요하지. ☐

2 다음은 앞의 글을 읽은 친구들의 대화입니다. 이 글을 <u>잘못</u> 이해하고 있는 친구는 누구인가요?

① 아버지와 아들은 다른 사람의 말만 듣고 갈팡질팡하는 어리석은 사람들 같아.

② 아버지와 아들은 자기 일을 스스로 결정하고 행동하는 사람들이야.

③ 다른 사람 일에 이래라저래라 참견하는 마을 사람들도 문제가 있어.

④ 이 글은 연극을 하기 위해 쓰인 극본으로 대사에 의해 이야기가 진행되고 있어.

 오늘 읽어 볼 글입니다. 차근차근 잘 읽고, 문제를 풀어 보세요.

　만약 물이 없다면 이 세상은 어떻게 될까요? 물은 우리가 살아가는 데 꼭 필요한 중요한 자원입니다. 최근 들어 우리나라는 심각한 물 부족 문제에 시달리고 있습니다. 뉴스에서는 우리나라가 물을 함부로 사용할 경우 당장 2016년쯤부터 물을 배급받아야 하는 상황에 이를 것이라고 전합니다.

　이처럼 우리나라의 물 부족이 심각한 까닭은 물을 필요로 하는 곳은 늘어 가는데 강우량과[1] 지하수의 양은 한계가 있기 때문입니다. 게다가 우리나라는 여름에만 많은 비가 내리는 특징이 있어 비를 효율적으로 이용하지 못하고 있습니다. 뿐만 아니라 우리나라 국민 1인당 물 소비량이 세계 1위를 차지할 만큼 물 낭비가 심하기 때문입니다.

　물이 부족하면 어떤 문제들이 생길까요? 먼저 농업용수[2] 부족으로 농작물이 피해를 입게 됩니다. 이로 인해 식량 생산에 차질이 생기고, 굶주리는 사람들이 늘어나게 됩니다. 또 마실 물이 모자라 더러운 물까지 마시게 되어 많은 사람이 질병에 걸리게 될 것입니다.

　이러한 일이 벌어지지 않게 하려면 물 낭비를 줄여야 합니다. 물 부족 문제의 심각성을 깨닫고 온 국민은 물 절약 운동을 전개하고, 국가는 수자원을 개발하고 잘 관리해야 할 것입니다.

❶ **강우량** : 일정 기간 동안 일정한 곳에 내린 비의 분량

❷ **농업용수** : 농사에 필요하여 논밭에 대는 데 드는 물

다음은 앞에서 읽은 글의 내용을 한눈에 볼 수 있도록 정리한 글밥지도입니다. 보기 에서 알맞은 말을 골라 빈칸을 채워 보세요. 그리고 글에 알맞은 제목과 문단의 내용을 찾아 선으로 이어 보세요.

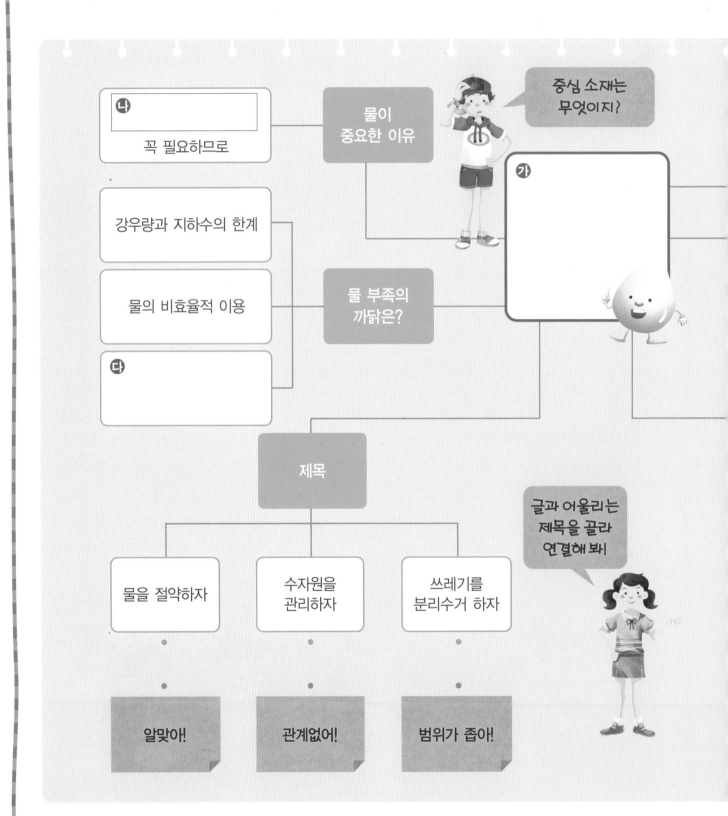

중심 소재는 무엇이지?

나

꼭 필요하므로

물이 중요한 이유

가

강우량과 지하수의 한계

물의 비효율적 이용

물 부족의 까닭은?

다

제목

물을 절약하자

수자원을 관리하자

쓰레기를 분리수거 하자

글과 어울리는 제목을 골라 연결해 봐!

알맞아!

관계없어!

범위가 좁아!

보기

❶ 가뭄　　　　　❷ 물의 오염　　　　　❸ 우리가 살아가는 데

❹ 물 낭비　　　　❺ 외국의 문제　　　　❻ 물

❼ 농업용수 부족　❽ 수자원 개발과 관리

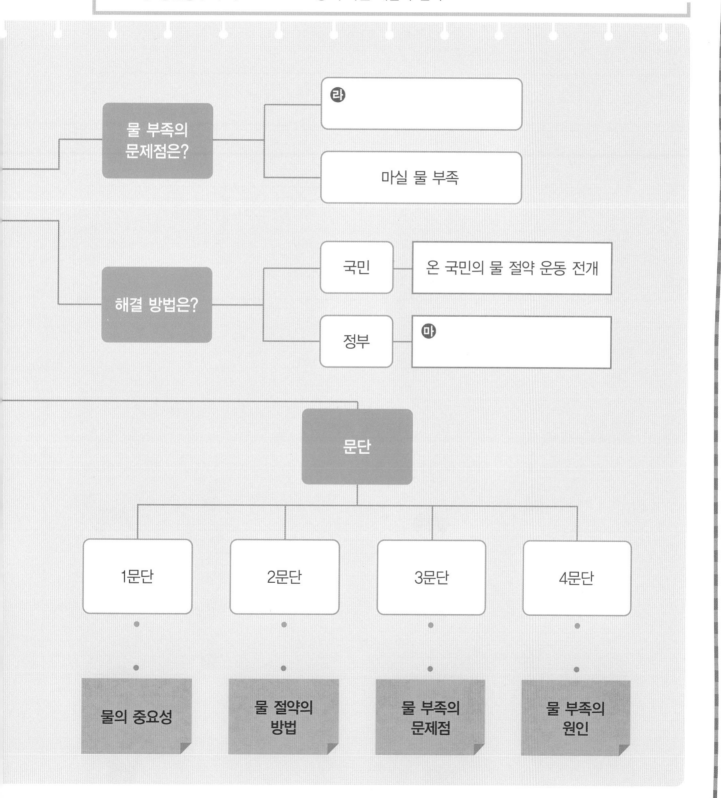

물 부족의 문제점은?
　라
　마실 물 부족

해결 방법은?
　국민 — 온 국민의 물 절약 운동 전개
　정부 — 마

문단

1문단　　2문단　　3문단　　4문단

물의 중요성　　물 절약의 방법　　물 부족의 문제점　　물 부족의 원인

1 다음은 글쓴이가 제기한 문제와 주장을 정리한 것입니다. 그 주장을 뒷받침해 줄 수 있는 까닭으로 알맞은 것을 골라 ○표 해 보세요.

문제 제기	우리나라는 심각한 물 부족 국가임에도 불구하고 물 부족의 심각성을 깨닫지 못하고 물을 낭비하고 있다.
주장	물 낭비를 줄이자.
까닭	① 농업용수 부족으로 식량 생산에 차질이 생기고 굶주리는 사람들이 늘어나게 된다. ☐
	② 마실 물이 모자라 더러운 물까지 마시게 되면 많은 사람이 질병에 걸리게 될 것이다. ☐
	③ 국가 간의 물싸움으로 전쟁이 일어나게 될 것이다. ☐

2 다음은 앞의 글을 읽은 친구들의 대화입니다. 이 글을 <u>잘못</u> 이해하고 있는 친구는 누구인가요?

①
물은 사람이 살아가는 데 꼭 필요한 자원이야.

②
우리나라도 심각한 물 부족 국가야.

③
앞으로 가정이나 학교에서 물을 사용할 때는 쓸 만큼만 받아서 써야겠어.

④
우리나라 사람들은 세계에서 물을 가장 아껴 쓰는 사람들이야.

 오늘 읽어 볼 글입니다. 차근차근 잘 읽고, 문제를 풀어 보세요.

청명① 한식② 에 나무 심으러 가자.

무슨 나무 심을래.

십리 절반 오리나무

열의 갑절 스무나무

대낮에도 밤나무

방귀 뀌어 뽕나무

오자마자 가래나무

깔고 앉아 구기자나무

거짓 없어 참나무

그렇다고 치자나무

칼로 베어 피나무

네 편 내 편 양편나무

입 맞추어 쪽나무

너하고 나하고 살구나무

이 나무 저 나무 내 밭두렁에 내나무.

① **청명** : 24절기의 하나

② **한식** : 동지에서 105일째 되는 날

글밥지도
그리기

다음은 앞에서 읽은 글의 내용을 한눈에 볼 수 있도록 정리한 글밥지도입니다. 보기 에서 알맞은 말을 골라 빈칸을 채워 보세요. 그리고 글에 알맞은 제목과 나무의 종류를 찾아 선으로 이어 보세요.

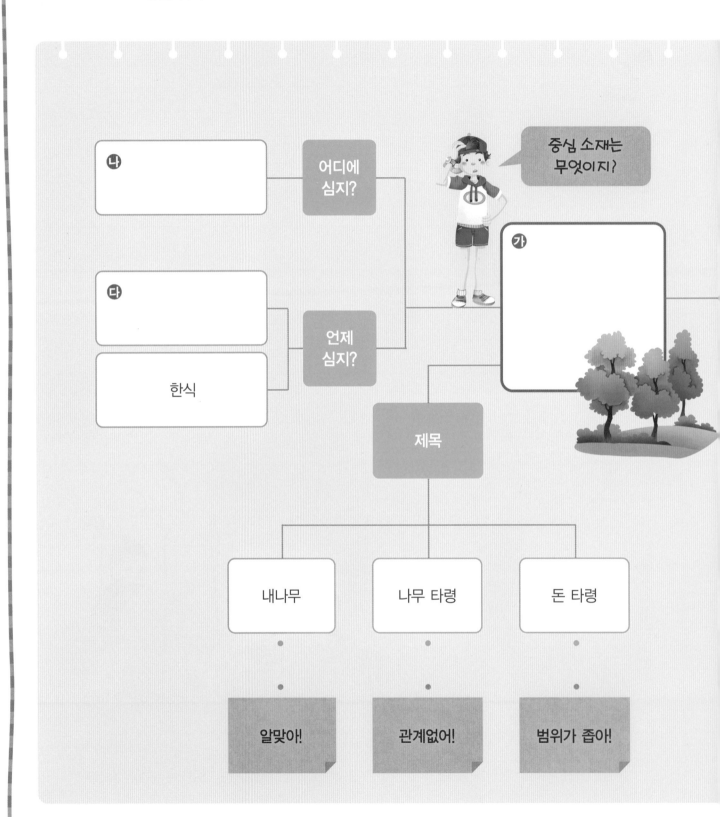

나

어디에
심지?

중심 소재는
무엇이지?

가

다

언제
심지?

한식

제목

내나무

나무 타령

돈 타령

알맞아!

관계없어!

범위가 좁아!

보기

① 사립문 앞   ② 조팝나무   ③ 청명   ④ 오자마자

⑤ 나무   ⑥ 내 밭두렁   ⑦ 스무나무   ⑧ 내 생일

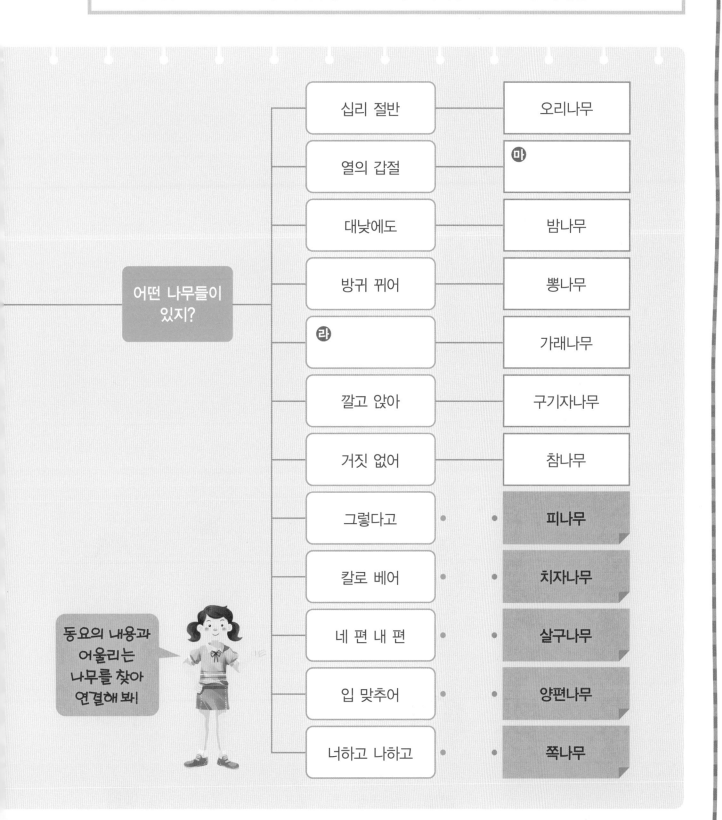

어떤 나무들이 있지?

십리 절반	오리나무
열의 갑절	**마**
대낮에도	밤나무
방귀 뀌어	뽕나무
라	가래나무
깔고 앉아	구기자나무
거짓 없어	참나무
그렇다고	피나무
칼로 베어	치자나무
네 편 내 편	살구나무
입 맞추어	양편나무
너하고 나하고	쪽나무

동요의 내용과 어울리는 나무를 찾아 연결해 봐!

1 앞에서 읽은 글은 나무의 종류를 재미있게 노래하고 있습니다. 보기에서 알맞은 말을 골라 새로운 나무 타령을 지어 보세요.

한 번 쏘자　화살 나무

쿨쿨 잔다　①

목에 걸려　②

오줌 싸고　③

미안하다　④

한 푼 두 푼　⑤

춤이라도　추자나무

보기

사과나무	추자나무
잣나무	수유나무
함박나무	쉬나무
후박나무	국수나무
가시나무	돈나무
뽕나무	쥐똥나무

2 다음은 앞의 글을 읽은 친구들의 대화입니다. 이 글을 <u>잘못</u> 이해하고 있는 친구는 누구인가요?

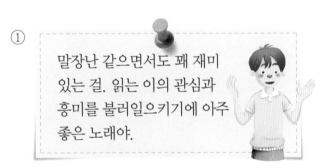

① 말장난 같으면서도 꽤 재미있는 걸. 읽는 이의 관심과 흥미를 불러일으키기에 아주 좋은 노래야.

② 다양한 나무의 이름을 재미있게 표현하고 있어.

③ 나무의 이름에서 연상되는 말을 넣어 재미있게 부를 수 있어.

④ 읽는 이를 설득하려는 지은 이의 주장이 잘 나타나 있어.

 오늘 읽어 볼 글입니다. 차근차근 잘 읽고, 문제를 풀어 보세요.

광개토 대왕, 영토 넓혀
모용희를 물리치고 요동 지역을 확고히 장악해[1]

406년 12월 ○○일, 고구려의 왕인 광개토 대왕은 후연의 왕 모용희[2]가 고구려를 공격해 오자 목저성에서 후연의 군대를 크게 물리쳤다.

고구려는 한동안 후연과 평화적인 관계를 유지해 왔으나, 400년에 후연의 왕 모용성이 고구려의 남소성과 신성을 침략한 뒤 두 나라의 관계가 악화되었다.

그 뒤 광개토 대왕은 후연의 공격이 있을 때마다 즉각 맞서 공격하여 요동성을 비롯한 요하 이동 지역을 차지하였고, 406년 목저성 침입까지 물리침으로써 요동 지역을 장악하게 되었다.

만주 지역에 사는 고구려 주민 고장수 씨는 "이번 목저성 싸움은 전국 시대 때 연나라에게 잃었던 고조선의 땅을 700여 년 만에 고구려가 다시 찾은 것으로 고구려가 만주 지역의 새로운 주인이 되었다는 점에서 큰 의미를 갖는다."고 말했다.

광개토 대왕의 영토 확장 덕분에 앞으로는 고구려 백성들이 저마다 일에 힘쓰며 편안히 살게 될 것이다.

〈고구려 일보〉, 사실만 기자

❶ **장악** : 손안에 잡아 쥔다는 뜻으로, 무엇을 마음대로 할 수 있게 됨을 이르는 말

❷ **후연** : 중국의 오호 십육국 가운데, 384년에 모용수가 허베이 성에 세운 나라

글밥지도 그리기

다음은 앞에서 읽은 글의 내용을 한눈에 볼 수 있도록 정리한 글밥지도입니다. 보기 에서 알맞은 말을 골라 빈칸을 채워 보세요. 그리고 기사 본문의 내용을 찾아 선으로 이어 보세요.

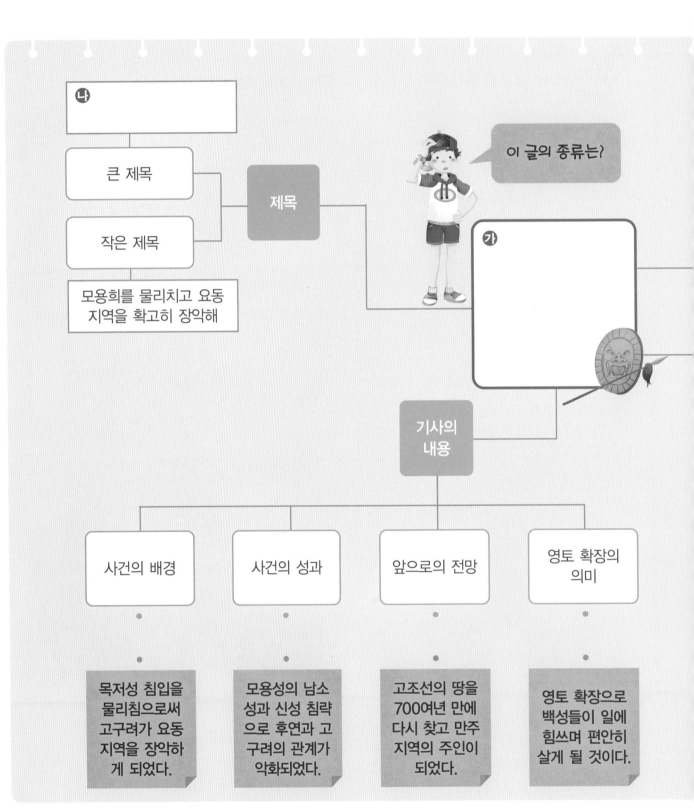

나

큰 제목

작은 제목

모용희를 물리치고 요동 지역을 확고히 장악해

제목

이 글의 종류는?

가

기사의 내용

사건의 배경

사건의 성과

앞으로의 전망

영토 확장의 의미

목저성 침입을 물리침으로써 고구려가 요동 지역을 장악하게 되었다.

모용성의 남소성과 신성 침략으로 후연과 고구려의 관계가 악화되었다.

고조선의 땅을 700여년 만에 다시 찾고 만주 지역의 주인이 되었다.

영토 확장으로 백성들이 일에 힘쓰며 편안히 살게 될 것이다.

① 기사문   ② 광개토 대왕, 영토 넓혀   ③ 고구려 일보

④ 제목   ⑤ 후연의 군대를   ⑥ 목저성에서

⑦ 누가   ⑧ 모용희가

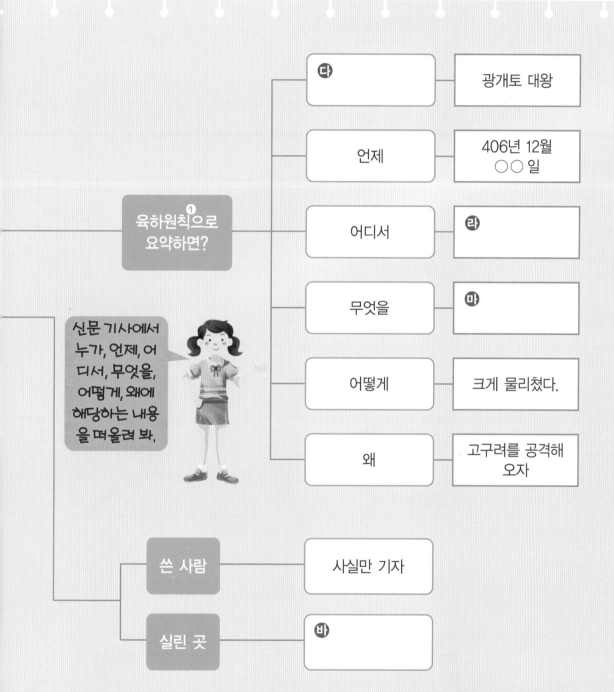

육하원칙으로 요약하면?

다	광개토 대왕
언제	406년 12월 ○○일
어디서	라
무엇을	마
어떻게	크게 물리쳤다.
왜	고구려를 공격해 오자

신문 기사에서 누가, 언제, 어디서, 무엇을, 어떻게, 왜에 해당하는 내용을 떠올려 봐.

| 쓴 사람 | 사실만 기자 |
| 실린 곳 | 바 |

① **육하원칙** : 기사 따위를 쓸 때 지켜야 하는 기본적인 원칙('누가, 언제, 어디서, 무엇을, 어떻게, 왜'의 여섯 가지를 이름

1 다음은 또 다른 신문 기사의 제목과 내용입니다. 육하원칙 중 무엇이 빠져 있는지 찾아 ∨표 해 보세요.

미래 어린이, 식목일 나무 심기 행사

고사리손으로 어린나무 심으며 웃음꽃 피워

지난 4월 5일 미래 초등학교 앞뜰에서 미래 초등학교 3학년 어린이들이 나무 심기 행사를 가졌습니다. 어린이들은 삽으로 직접 흙을 판 다음 어린나무들을 조심스럽게 심었습니다.

| 누가 | ☐ | 언제 | ☐ | 어디서 | ☐ |
| 무엇을 | ☐ | 어떻게 | ☐ | 왜 | ☐ |

2 다음은 앞의 글을 읽은 친구들의 대화입니다. 이 글을 잘못 이해하고 있는 친구는 누구인가요?

① 큰 제목과 작은 제목을 통해 기사의 내용을 짐작할 수 있어.

② 사건의 배경과 성과, 의미와 전망을 자세히 썼어.

③ 이 기사문은 육하원칙의 요소가 모두 잘 드러나게 썼어.

④ 인터뷰한 고구려 주민의 이름은 밝히지 않은 것을 보니 기자가 거짓으로 꾸며 쓴 것 같아.

 오늘 읽어 볼 글입니다. 차근차근 잘 읽고, 문제를 풀어 보세요.

김만덕은 조선 시대 때, 제주도에 살았던 여자 상인이에요. 양민^❶의 딸로 태어났으나 어린 나이에 부모님이 돌아가셔서 기생 집에서 자란 김만덕은 관가에서 노래하고 춤추는 일을 하는 노비가 되었어요.

스무 살이 넘자 김만덕은 고을의 원님을 찾아가 관기^❷의 신분에서 벗어나게 해 달라고 부탁했어요. 어릴 때 고아가 되어 억울하게 노비가 된 사정을 들은 원님은 김만덕을 관기의 신분에서 벗어나게 해 주었지요. 이렇게 어렵게 관기의 신분에서 벗어난 김만덕은 장사를 시작했고 많은 어려움 끝에 제주도 최고의 부자가 되었어요.

어느 날, 제주도에 심한 흉년이 들어 많은 사람이 굶어 죽게 되었어요.

"사람들이 죽어 가는 모습을 차마 볼 수가 없구나."

김만덕은 곳간의 문을 활짝 열고 모든 재산을 털어 산 곡식을 굶주린 사람들에게 나누어 주었어요. 김만덕의 선행으로 제주도의 많은 사람이 목숨을 건지게 되었어요.

이 소식을 들은 정조 임금님은 금강산 여행을 하고 싶다는 김만덕의 소원을 들어주었어요. 또, 조선 시대의 서예가 김정희는 '은혜의 빛이 온 세상에 번지다.' 라는 뜻의 '은광연세(恩光衍世)' 라는 글을 남겨 김만덕의 선행을 칭찬했어요. 김만덕은 자기가 가진 것을 다른 사람과 나눌 줄 아는 부자 중의 부자, 마음의 부자였답니다.

❶ 양민 : 조선 시대에 양반과 천민의 중간 신분

❷ 관기 : 관청에 속하여 춤과 노래, 악기 따위를 하던 기생

다음은 앞에서 읽은 글의 내용을 한눈에 볼 수 있도록 정리한 글밥지도입니다. 보기 에서 알맞은 말을 골라 빈칸을 채워 보세요. 그리고 글에 알맞은 제목을 찾아 선으로 이어 보세요.

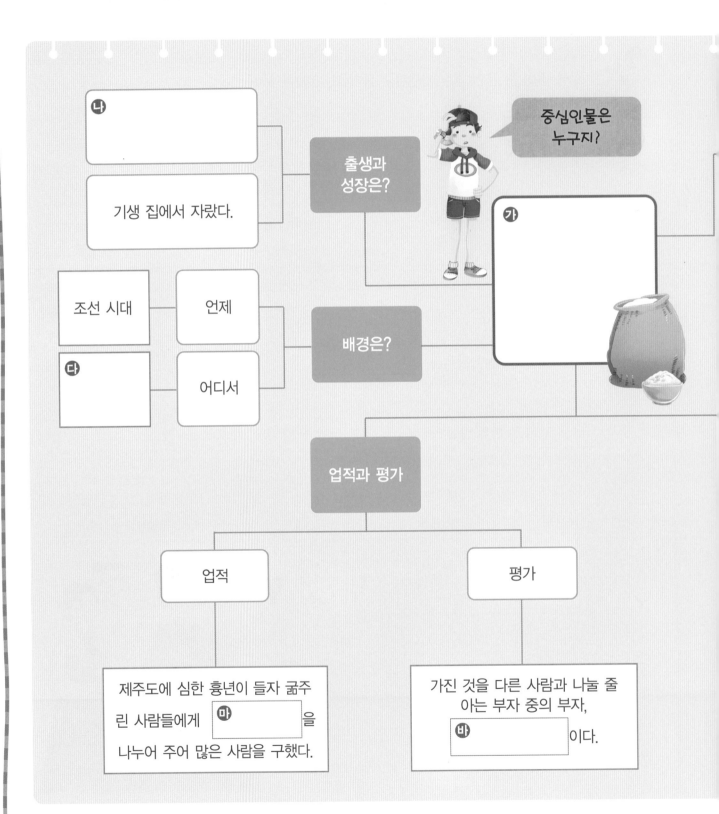

나

기생 집에서 자랐다.

출생과 성장은?

중심인물은 누구지?

가

조선 시대

언제

다

어디서

배경은?

업적과 평가

업적

평가

제주도에 심한 흉년이 들자 굶주린 사람들에게 마 을 나누어 주어 많은 사람을 구했다.

가진 것을 다른 사람과 나눌 줄 아는 부자 중의 부자, 바 이다.

보기

① 김만덕　　② 기생의 딸로 태어났다.　　③ 양민의 딸로 태어났다.
④ 제주도　　⑤ 마음의 부자　　⑥ 동정심이 많고 의롭다.
⑦ 엽전　　⑧ 곡식

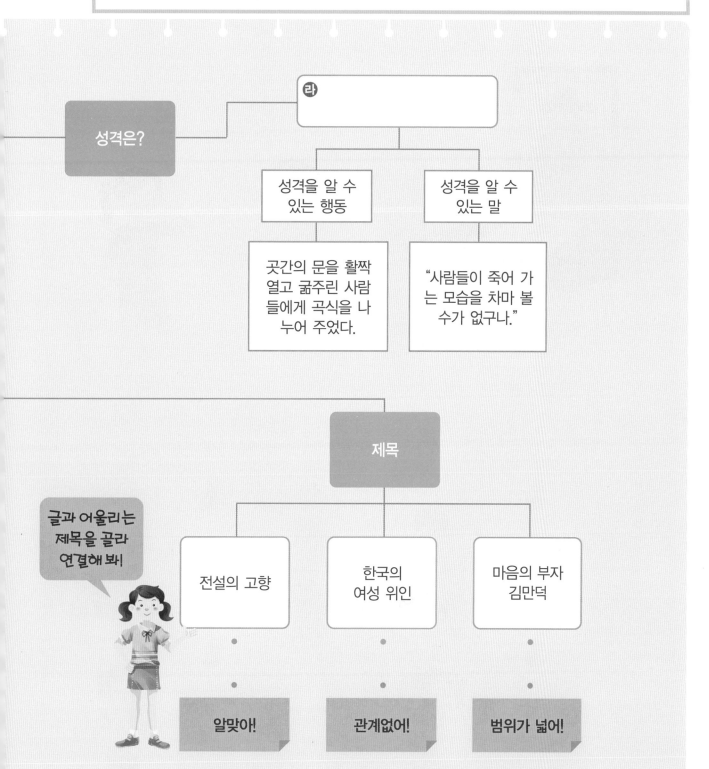

성격은?

라

성격을 알 수 있는 행동

성격을 알 수 있는 말

곳간의 문을 활짝 열고 굶주린 사람들에게 곡식을 나누어 주었다.

"사람들이 죽어 가는 모습을 차마 볼 수가 없구나."

제목

전설의 고향

한국의 여성 위인

마음의 부자 김만덕

글과 어울리는 제목을 골라 연결해 봐!

알맞아!

관계없어!

범위가 넓어!

1 다음은 김정희가 김만덕을 칭찬하며 쓴 글입니다. 친구들이라면 김만덕을 어떻게 칭찬할지 말풍선 안에 써 보세요.

은혜의 빛이 온 세상에 번지다.

2 다음은 앞의 글을 읽은 친구들의 대화입니다. 이 글을 <u>잘못</u> 이해하고 있는 친구는 누구인가요?

① 조선 시대는 신분 사회였어. 김만덕은 기생의 딸이었기 때문에 기생이 될 수밖에 없었지.

② 김만덕은 선행을 베푼 덕분에 소원이었던 금강산 여행을 할 수 있었어.

③ 김만덕이 자기 신분을 되찾기 위해 노력하는 모습을 보면서 적극적인 성격을 가졌다고 생각했어.

④ 자기가 가진 것을 다른 사람과 나눌 줄 아는 사람이 진짜 부자라고 생각해.

 오늘 읽어 볼 글입니다. 차근차근 잘 읽고, 문제를 풀어 보세요.

어느 무더운 여름날이었어요.

배고픈 여우 한 마리가 먹이를 찾아 이리저리 돌아다녔어요.

"아, 배고파. 물이라도 실컷 마시고 싶어."

여우는 하루 종일 먹이를 찾아 헤매었지만 아무것도 찾지 못했어요.

그러다가 해가 질 무렵 포도밭 앞을 지나게 되었어요.

여우는 포도밭에 주렁주렁 열린 포도송이를 보고 군침을 꿀꺽 삼켰어요.

"음, 먹음직스러워 보이는군. 얼른 가서 따 먹어야겠다."

여우는 재빨리 포도밭으로 달려갔어요. 그리고 포도를 따 먹기 위해 포도나무 밑에서 펄쩍 뛰어 보았어요. 하지만 포도송이까지 닿지 않았어요.

"포도송이가 너무 높은 곳에 매달려 있잖아."

여우는 다시 한번 펄쩍 뛰어 봤지만 소용이 없었어요.

"흥, 그까짓 포도! 새들이나 먹으라지."

여우는 포도 먹기를 포기하고 돌아섰어요.

"저 포도는 분명 맛이 들지 않은 시큼하고 덜 익은 포도일 거야."

여우는 혼자 중얼거리며
어디론가 가 버렸답니다.

다음은 앞에서 읽은 글의 내용을 한눈에 볼 수 있도록 정리한 글밥지도입니다. 보기에서 알맞은 말을 골라 빈칸을 채워 보세요. 그리고 글에 알맞은 제목과 이야기의 순서를 찾아 선으로 연결해 보세요.

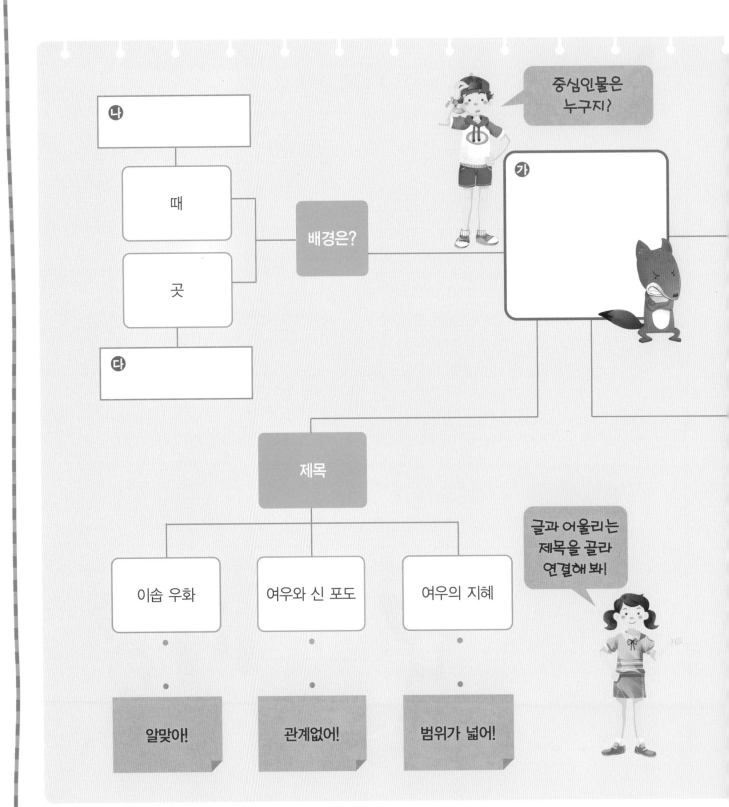

보기

① 늑대　　　　② 여우　　　　③ 해가 질 무렵　　　　④ 포도밭

⑤ 딸기밭　　　　⑥ 저 포도는 분명 맛이 들지 않은 시큼하고 덜 익은 포도일 거야.

⑦ 포도 먹기를 포기하고 돌아섰습니다.　　　　⑧ 노력

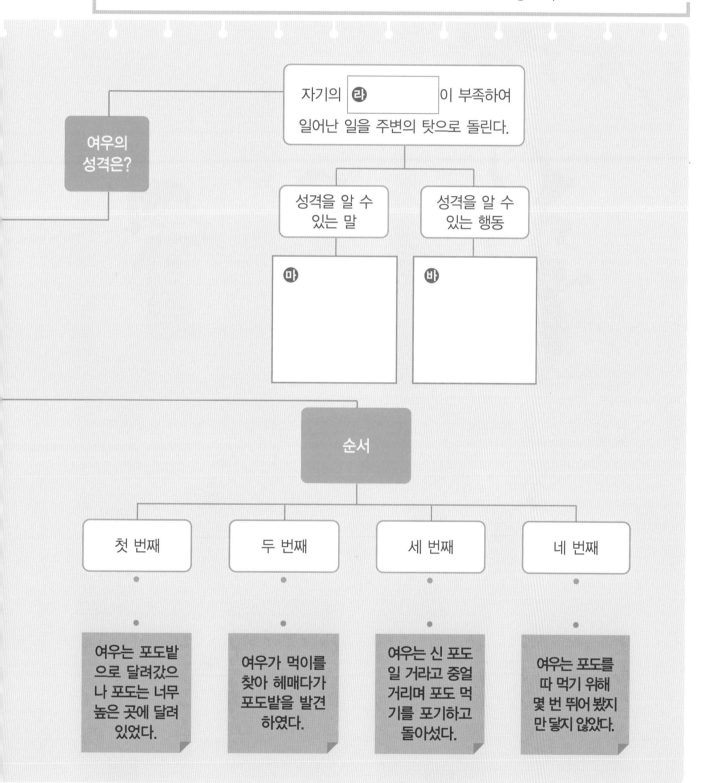

여우의 성격은?

자기의 [라]　　　이 부족하여 일어난 일을 주변의 탓으로 돌린다.

성격을 알 수 있는 말 — [마]

성격을 알 수 있는 행동 — [바]

순서

첫 번째 · · 여우는 포도밭으로 달려갔으나 포도는 너무 높은 곳에 달려 있었다.

두 번째 · · 여우가 먹이를 찾아 헤매다가 포도밭을 발견하였다.

세 번째 · · 여우는 신 포도일 거라고 중얼거리며 포도 먹기를 포기하고 돌아섰다.

네 번째 · · 여우는 포도를 따 먹기 위해 몇 번 뛰어 봤지만 닿지 않았다.

1 다음은 이야기의 중요한 장면입니다. 친구들이 만약 여우라면 포도를 따 먹기 위해 어떻게 했을지 말풍선 안에 써 보세요.

2 다음은 앞의 글을 읽은 친구들의 대화입니다. 이 글을 <u>잘못</u> 이해하고 있는 친구는 누구인가요?

① 여우는 하루 종일 먹이를 찾아 돌아다니다가 해 질 무렵에 겨우 포도밭을 발견해.

② 여우는 먹이를 많이 구했는데 그 가운데서 포도가 가장 맛있다고 했어.

③ 여우는 높은 곳에 달려 있는 포도를 먹기 위해 뛰어 보았지만 결국 포도를 따지 못했어.

④ 여우는 자신의 노력이나 능력을 탓하지 않고 덜 익은 포도일 거라며 포도를 탓했어.

오늘 읽어 볼 글입니다. 차근차근 잘 읽고, 문제를 풀어 보세요.

　토미, 오늘은 너에게 우리나라의 전통 음식 가운데 하나인 비빔밥에 대해 알려 줄게. 비빔밥은 사발 그릇에 밥과 여러 가지 채소를 생으로 또는 데치고 무쳐서, 고기, 달걀, 고추장과 참기름 등을 얹어 섞어 먹는 음식이야.

　비빔밥은 재료에 따라 수없이 많은 종류의 비빔밥을 만들 수 있다는 특징이 있어. 피자의 토핑처럼 얹는 재료에 따라 채소, 산채, 김치, 콩나물, 해물 비빔밥 등이 있어. 또 개인의 취향❶에 따라 달래, 냉이, 열무, 도라지, 호박 등을 얹어 얼마든지 새로운 비빔밥을 만들 수도 있지. 비빔밥은 천의 얼굴을 가졌다고 할 수 있어.

　비빔밥은 맛도 좋고, 건강에도 좋은 음식이야. 비빔밥을 먹어 본 사람들은 여러 가지 채소가 조화롭게 섞여서 만든 오묘한❷ 맛에 감탄해. 그리고 비빔밥 한 그릇을 먹으면 탄수화물(밥), 단백질(고기, 달걀), 비타민과 미네랄(각종 채소)은 물론 식물성 지방(참기름)까지 여러 가지 영양소를 골고루 섭취할 수 있어. 그래서 몸에 좋은 음식으로도 유명하지.

　비빔밥은 토미 같은 외국인에게도 인기가 있는 음식이야. 외국 관광객들이 한국에 와서 가장 먹고 싶어하는 음식이 비빔밥이래. 또, 일본과 뉴욕에서도 많은 외국인이 비빔밥을 즐겨 먹고 있고, 베이징에서 열린 '세계 미식 대회'에서 전주비빔밥이 개인전과 단체전에서 금상을 차지하기도 했어. 토미, 기회가 된다면 너도 비빔밥을 한번 먹어 보렴.

❶ **취향** : 좋아하거나 즐겨서 쏠리는 마음

❷ **오묘한** : 상식적으로 이해할 수 없을 만큼 놀랍고 신기한

다음은 앞에서 읽은 글의 내용을 한눈에 볼 수 있도록 정리한 글밥지도입니다. 보기에서 알맞은 말을 골라 빈칸을 채워 보세요. 그리고 글에 알맞은 제목과 문단의 내용을 찾아 선으로 이어 보세요.

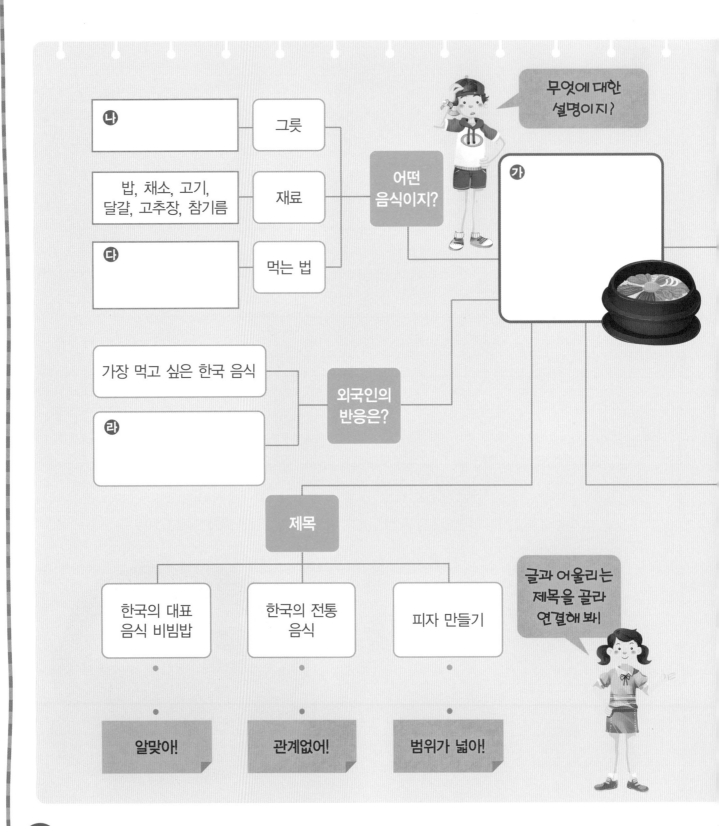

나 ⎯ 그릇

밥, 채소, 고기, 달걀, 고추장, 참기름 ⎯ 재료

다 ⎯ 먹는 법

어떤 음식이지?

무엇에 대한 설명이지?

가

가장 먹고 싶은 한국 음식

라

외국인의 반응은?

제목

한국의 대표 음식 비빔밥 · · 알맞아!

한국의 전통 음식 · · 관계없어!

피자 만들기 · · 범위가 넓어!

글과 어울리는 제목을 골라 연결해 봐!

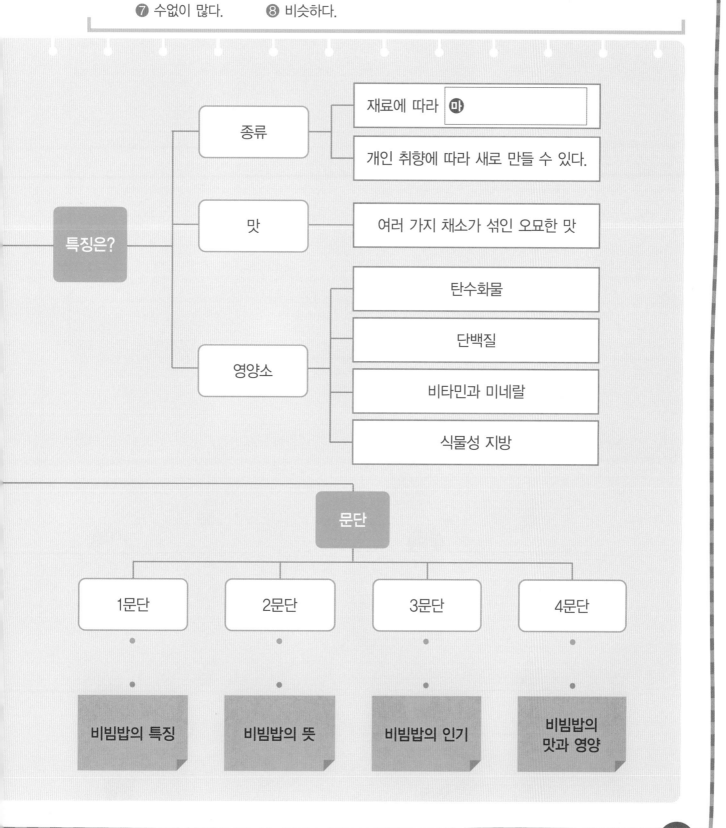

특징은?

종류
- 재료에 따라 〔마〕
- 개인 취향에 따라 새로 만들 수 있다.

맛
- 여러 가지 채소가 섞인 오묘한 맛

영양소
- 탄수화물
- 단백질
- 비타민과 미네랄
- 식물성 지방

문단

1문단	2문단	3문단	4문단
비빔밥의 특징	비빔밥의 뜻	비빔밥의 인기	비빔밥의 맛과 영양

1 앞의 글을 읽고, 비빔밥과 피자의 공통점에 해당하는 것을 찾아 ○표 하세요.

비빔밥과 피자의 공통점
① 한국의 대표적인 전통 음식 가운데 하나이다.
② 얹는 재료에 따라 수없이 많은 종류를 만들어 낼 수 있다.
③ 개인의 취향에 따라 새로운 것을 만들기 어렵다.
④ 밀가루 반죽 위에 채소 등을 얹어 둥글고 납작하게 구운 파이이다.
⑤ 세계 미식 대회에서 금상을 수상한 적이 있다.

2 다음은 앞의 글을 읽은 친구들의 대화입니다. 이 글을 바르게 이해하고 있는 친구는 누구인가요?

①
우리나라 전통 음식 가운데 하나인 피자를 소개하고 있어.

②
글쓴이는 동생인 토미에게 비빔밥에 대해 알려주고 있어.

③
외국인 친구 토미에게 비빔밥의 맛과 영양에 대해 자세히 알려주고 있어.

④
비빔밥은 맛과 영양이 뛰어나고 피자는 건강에 해롭다고 말하고 있어.

84

꼼꼼히 집중하여 읽기

글의 갈래	음악 감상문
걸린 시간	분 초

 오늘 읽어 볼 글입니다. 차근차근 잘 읽고, 문제를 풀어 보세요.

오늘은 가곡[1] '송어'를 감상했다. '송어'는 어머니께서 좋아하시는 가곡으로 나에게도 한번 들어 보라고 하셨다.

'송어'는 '가곡의 왕'이라는 별명을 가진 슈베르트의 작품이다. 슈베르트는 시와 가락, 반주가 하나로 된 예술성이 풍부한 가곡을 많이 작곡한 오스트리아의 음악가이다. 이 가곡은 슈베르트가 1817년 여름에 휴식 시간을 보내면서 만든 작품이다.

'송어'의 가사는 거울같이 맑은 물에서 송어가 헤엄치고 노는데, 송어가 잡히지 않자 낚시꾼이 물을 흐려 놓고 송어를 잡는다는 내용이다.

처음 이 가곡을 들었을 때에는 어려운 노래일 거라고 생각했다. 하지만 '송어'는 명랑하고 경쾌한 노래였다. 어렵게 느껴지지도 않았고, 듣는 내내 편안하고 머릿속이 맑아지는 것 같았다. 또한 샘솟는 듯 아름다운 가락과 성악가의 목소리, 가사의 내용이 잘 어우러져 송어의 뛰노는 모습이 눈에 보이는 것처럼 느껴지기도 했다.

오늘의 음악 감상으로 슈베르트 음악을 좋아하게 되었고, 앞으로는 모차르트나 브람스 같은 유명한 음악가들의 가곡들도 모두 감상해야겠다고 생각하였다.

❶ **가곡** : 시에 곡을 붙인 성악곡

다음은 앞에서 읽은 글의 내용을 한눈에 볼 수 있도록 정리한 글밥지도입니다. 보기 에서 알맞은 말을 골라 빈칸을 채워 보세요. 그리고 글에 알맞은 제목을 찾아 선으로 이어 보세요.

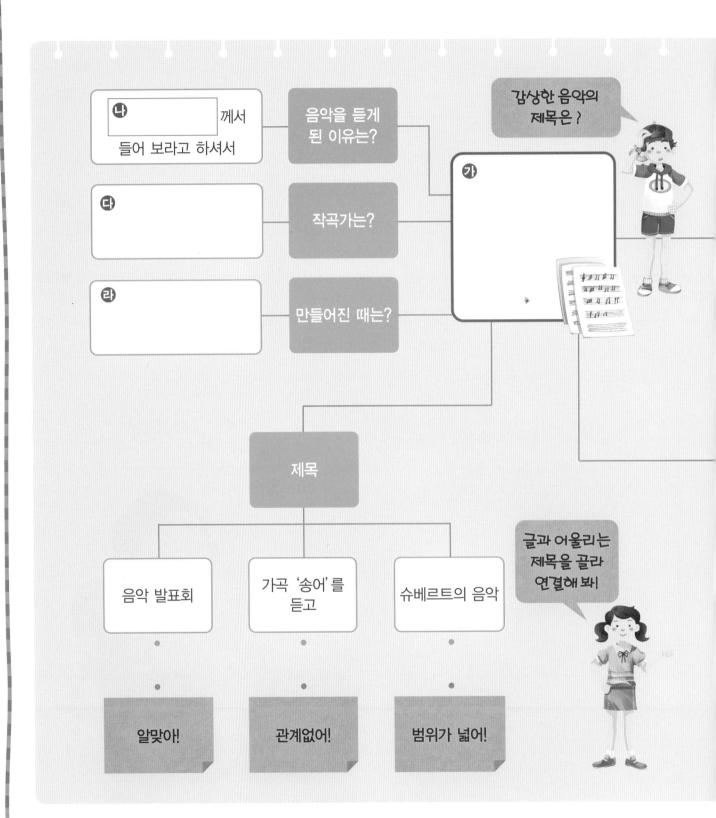

보기   ❶ 송어   ❷ 모차르트   ❸ 어머니   ❹ 슈베르트   ❺ 1817년 여름

❻ 어려운 노래   ❼ 즐거운 노래   ❽ 송어의 뛰노는 모습

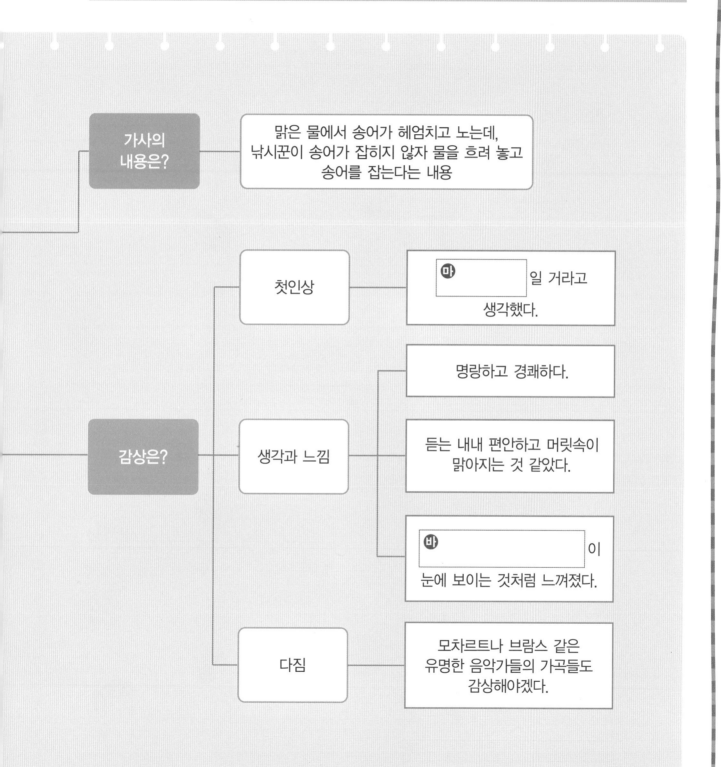

가사의 내용은? — 맑은 물에서 송어가 헤엄치고 노는데, 낚시꾼이 송어가 잡히지 않자 물을 흐려 놓고 송어를 잡는다는 내용

감상은?

- 첫인상 — 　**마**　 일 거라고 생각했다.

- 생각과 느낌
  - 명랑하고 경쾌하다.
  - 듣는 내내 편안하고 머릿속이 맑아지는 것 같았다.
  - 　**바**　 이 눈에 보이는 것처럼 느껴졌다.

- 다짐 — 모차르트나 브람스 같은 유명한 음악가들의 가곡들도 감상해야겠다.

1 다음은 가곡 '송어'를 듣고 그린 그림입니다. 이 그림을 보고 떠오르는 느낌으로 알맞지 <u>않은</u> 것을 골라 ∨표 해 보세요.

맑다. ☐　　　깨끗하다. ☐　　　경쾌하다. ☐　　　어둡다. ☐

2 다음은 앞의 글을 읽은 친구들의 대화입니다. 이 글을 <u>잘못</u> 이해하고 있는 친구는 누구인가요?

① '송어'는 경쾌한 노래라는데 나도 한번 들어 보고 싶어.

② 아름다운 가락은 좋았는데 노래를 부르는 성악가의 목소리가 안 좋다고 했어.

③ 오스트리아의 유명한 음악가 슈베르트는 시와 가락, 반주가 하나로 된 예술성이 풍부한 가곡을 많이 만들었대.

④ 이 글에는 글쓴이의 생각과 느낌, 가사의 내용, 앞으로의 계획이나 다짐 등이 자세하게 나타나 있어.

19

꼼꼼히 집중하여 읽기

 오늘 읽어 볼 글입니다. 차근차근 잘 읽고, 문제를 풀어 보세요.

요즘 어린이들에게 인터넷을 활용한 정보 검색, 전자 우편, 채팅, 온라인 게임 등은 빼놓을 수 없는 생활 수단이 되었다. 대부분의 어린이들은 집에서 하루 평균 1시간 이상 인터넷을 사용한다고 한다.

하지만 무분별한 인터넷 사용은 어린이들에게 나쁜 영향을 주고 있다. 첫째, 게임이나 채팅에 매달려 친구들과 직접 어울리는 것을 싫어하게 된다. 둘째, 게임이나 채팅에 많은 시간을 써서 성적이 떨어지기도 한다. 셋째, 인터넷에 많은 시간을 사용함으로써 부모님과 사이가 나빠진다.

어린이들이 인터넷에 많은 시간을 빼앗기게 되는 가장 큰 원인은 호기심을 자극하고 재미를 주기 때문이다.

그렇다면 인터넷을 바르게 사용할 수 있는 방법에는 어떤 것들이 있을까? 먼저 시간을 정해 놓고 인터넷을 사용하고 다른 시간에는 다른 취미 활동을 찾아 하는 것이 좋다. 또한 가족들이 모두 볼 수 있는 곳에 컴퓨터를 설치하여 인터넷 사용 시간을 줄이는 것도 좋은 방법이다.

다음은 앞에서 읽은 글의 내용을 한눈에 볼 수 있도록 정리한 글밥지도입니다. 보기 에서 알맞은 말을 골라 빈칸을 채워 보세요. 그리고 글에 알맞은 제목과 문단의 내용을 찾아 선으로 이어 보세요.

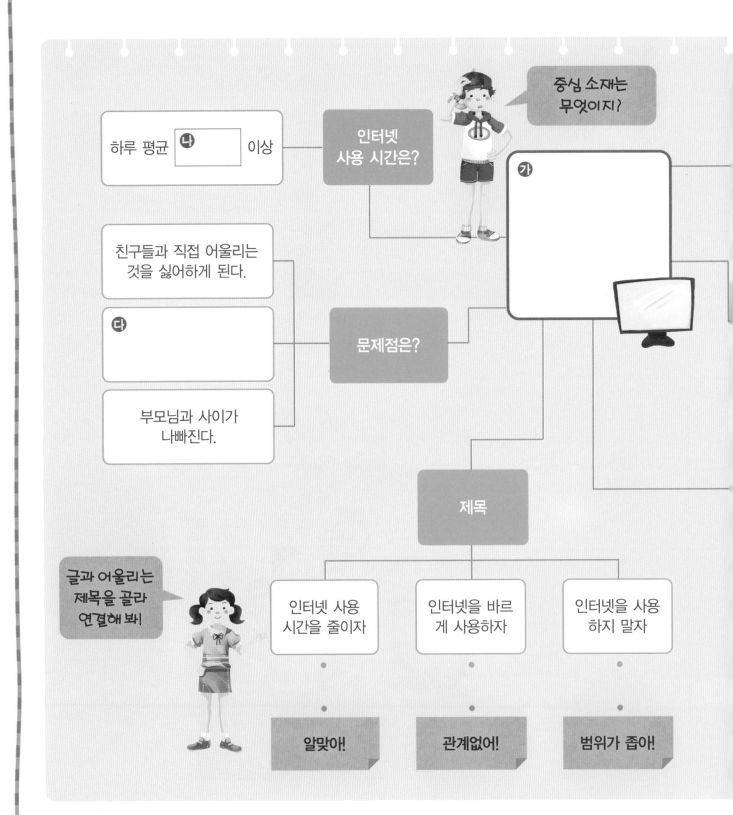

보기

❶ 1시간
❷ 인터넷
❸ 성적이 떨어진다.
❹ 부모님이 원하기 때문에
❺ 게임기
❻ 호기심을 자극하고
❼ 가족들이 모두 볼 수 있는 곳
❽ 내 방

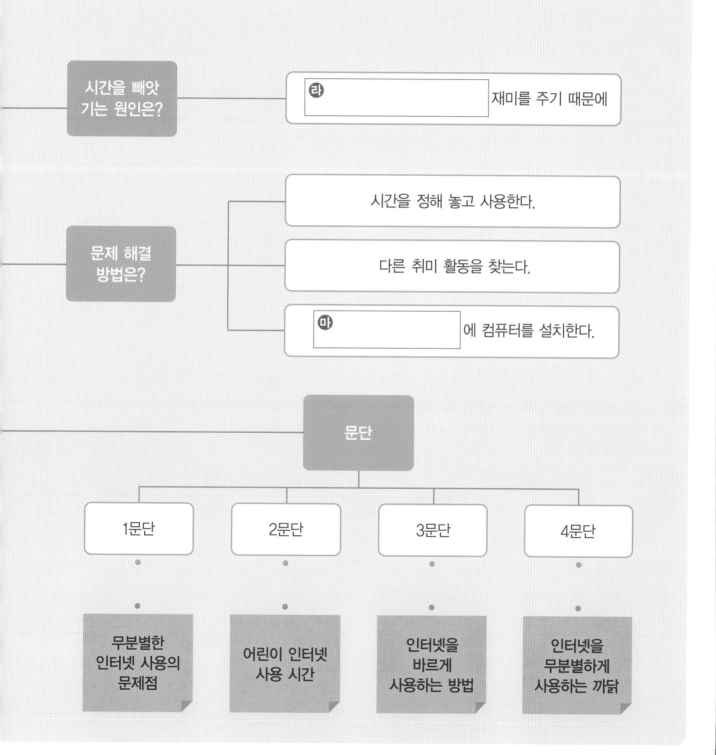

시간을 빼앗기는 원인은?

라   재미를 주기 때문에

문제 해결 방법은?

시간을 정해 놓고 사용한다.

다른 취미 활동을 찾는다.

마   에 컴퓨터를 설치한다.

문단

1문단
무분별한 인터넷 사용의 문제점

2문단
어린이 인터넷 사용 시간

3문단
인터넷을 바르게 사용하는 방법

4문단
인터넷을 무분별하게 사용하는 까닭

1 다음은 글쓴이가 제기한 문제와 주장을 정리한 것입니다. 그 주장을 뒷받침해 줄 수 있는 까닭으로 알맞은 것을 골라 ○표 해 보세요.

문제 제기	무분별한 인터넷 사용은 어린이들에게 나쁜 영향을 주고 있다.	
주장	인터넷을 바르게 사용하자.	
까닭	① 채팅에 매달려 친구들과 직접 어울리는 것을 싫어하게 된다.	
	② 게임이나 채팅 등에 많은 시간을 써서 성적이 떨어지는 경우도 있다.	
	③ 인터넷에 많은 시간을 사용함으로써 부모와 사이가 좋아지기도 한다.	

2 다음은 앞의 글을 읽은 친구들의 대화입니다. 이 글을 <u>잘못</u> 이해하고 있는 친구는 누구인가요?

① 글쓴이는 어린이들이 인터넷을 사용하면 안 된다고 주장하고 있어.

② 글쓴이는 인터넷을 바르게 사용할 수 있는 방법을 말해 주고 있어.

③ 무분별한 인터넷 사용은 어린이들에게 나쁜 영향을 준다고 했어.

④ 무분별한 인터넷 사용의 문제점 가운데 하나로 성적이 떨어지는 점을 말했어.

 오늘 읽어 볼 글입니다. 차근차근 잘 읽고, 문제를 풀어 보세요.

20○○년 ○○월 ○○일 화요일   날씨 : 맑았다가 흐림

학교에 갔다 왔더니 할머니께서 김치를 담그고 계셨다. 배추가 10통, 무가 5개, 그리고 주변에는 양념거리들이 잔뜩 놓여 있었다.

"할머니, 이걸 혼자서 다 하시려고요? 허리 아프면 어떻게 하시려고요?"

내가 걱정스럽게 말했더니 할머니께서는 괜찮다고 말씀하시며 빙그레 웃기만 하셨다.

"제가 좀 도와 드릴게요."

나는 할머니께서 소금 통을 가져오라고 하면 소금 통을 가져오고, 새우젓 통을 가져오라면 새우젓 통을 가져왔다. 그리고 할머니 고무장갑이 벗겨지려고 하면 올려 주기도 하면서 할머니를 도와 드렸다.

저녁이 되어 엄마와 아빠가 퇴근을 하셨을 때였다.

"아까 김치 담글 때, 혜진이가 많이 도와주었단다. 그래서인지 허리도 안 아프구나."

할머니께서 말씀하셨다. 그러자 엄마와 아빠는 "혜진이 이제 다 키웠네."하며 칭찬하셨다.

우리 가족은 다 함께 큰 소리로 웃었다. 나는 기분이 날아갈 것같이 기뻤다.

나는 그동안 할머니를 도와 드리지 못한 것이 후회되었다. 앞으로는 할머니 일을 많이 도와 드리고 허리도 주물러 드려야겠다.

다음은 앞에서 읽은 글의 내용을 한눈에 볼 수 있도록 정리한 글밥지도입니다. [보기]
에서 알맞은 말을 골라 빈칸을 채워 보세요. 그리고 하루 동안 일어난 일의 순서와
글에 알맞은 제목을 찾아 선으로 이어 보세요.

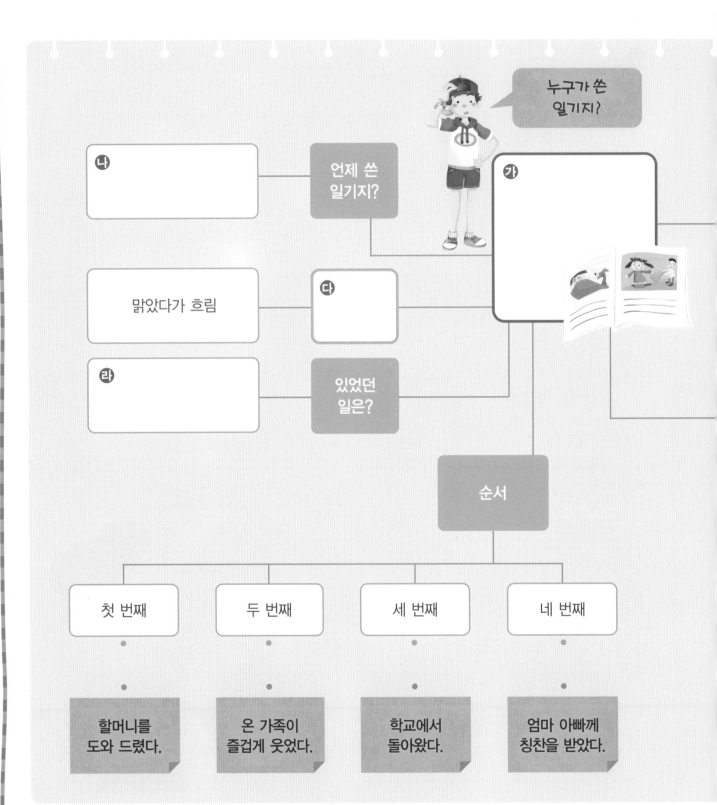

누구가 쓴
일기지?

나

언제 쓴
일기지?

가

맑았다가 흐림

다

라

있었던
일은?

순서

첫 번째   두 번째   세 번째   네 번째

할머니를
도와 드렸다.

온 가족이
즐겁게 웃었다.

학교에서
돌아왔다.

엄마 아빠께
칭찬을 받았다.

보기

① 혜진
② 날씨는?
③ 할머니를 도와 김치를 담근 일
④ 내 방 청소하기
⑤ ○○월 ○○일 화요일
⑥ 날아갈 것같이 기뻤다.
⑦ 마음이 몹시 아팠다.
⑧ 그동안 공부를 열심히 하지 않은 것

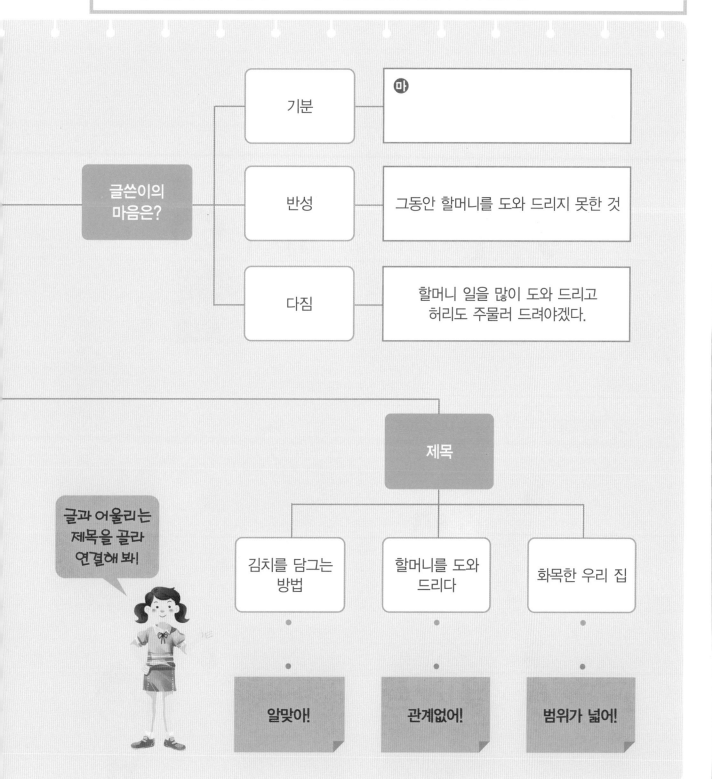

글쓴이의 마음은?

기분 — ㉮

반성 — 그동안 할머니를 도와 드리지 못한 것

다짐 — 할머니 일을 많이 도와 드리고 허리도 주물러 드려야겠다.

제목

김치를 담그는 방법 · · 알맞아!

할머니를 도와 드리다 · · 관계없어!

화목한 우리 집 · · 범위가 넓어!

글과 어울리는 제목을 골라 연결해 봐!

1 글쓴이가 할머니를 도와 드린 일을 읽고, 친구들이라면 할머니나 부모님의 어떤 일을 도와 드릴 수 있는지 말풍선 안에 간단히 써 보세요.

나는 김치를 담그시는 할머니를 도와 드렸어.

2 다음은 앞의 글을 읽은 친구들의 대화입니다. 이 글을 <u>잘못</u> 이해하고 있는 친구는 누구인가요?

① 가족들의 한 말을 자세하게 써서 일기가 실감나게 느껴져.

② 이 글에서 "혜진이 이제 다 키웠네."는 의견에 해당하는 문장이야.

③ 이 글에는 글쓴이의 생각과 느낌, 반성과 다짐 등이 잘 드러나 있지만 날씨가 어땠는지는 알 수 없어.

④ 이 글에서 '학교에 갔다 왔더니 할머니께서 김치를 담그고 계셨다.' 는 사실에 해당하는 문장이야.

 오늘 읽어 볼 글입니다. 차근차근 잘 읽고, 문제를 풀어 보세요.

내 친구 수지에게

수지야, 안녕? 나 영주야. 그동안 잘 지냈지?

지난번 네 생일날 나를 초대해 주어서 정말 고마웠어.

그날 맛있는 것도 많이 먹고, 즐겁게 놀던 일이 지금까지 생생하게 기억나.

그런데 벌써 내 생일이 돌아왔어. 이번에는 내 생일 파티에 너를 초대할게.

내 생일날 네가 꼭 와 주면 좋겠어.

우리 어머니께서 맛있는 음식도 많이 만들어 주신다고 했어.

특히 네가 좋아하는 매콤 달콤한 떡볶이도 해 주신다고 했어.

또, 우리 반 친구들도 열 명이나 초대했어. 내 친구들도 소개해 줄게.

모두 함께 모여서 게임도 하고 즐겁게 놀자.

때 : 8월 20일 오후 1시

곳 : ○○아파트 103동 1002호

8월 15일

너의 친구 영주가

다음은 앞에서 읽은 글의 내용을 한눈에 볼 수 있도록 정리한 글밥지도입니다. 보기에서 알맞은 말을 골라 빈칸을 채워 보세요. 그리고 글에 알맞은 제목과 글의 짜임을 찾아 선으로 이어 보세요.

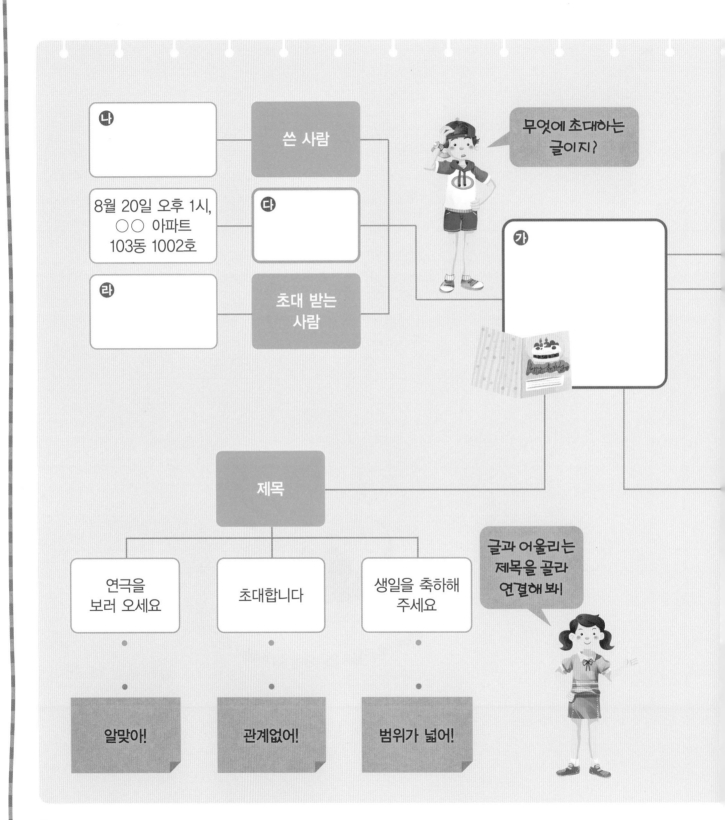

나

쓴 사람

8월 20일 오후 1시,
○○ 아파트
103동 1002호

다

라

초대 받는
사람

무엇에 초대하는
글이지?

가

제목

연극을
보러 오세요

초대합니다

생일을 축하해
주세요

글과 어울리는
제목을 골라
연결해 봐!

알맞아!

관계없어!

범위가 넓어!

보기

① 수지　　　　　② 생일 파티　　　③ 전시회
④ 초대하는 때와 곳　　　⑤ 수지야, 안녕?　⑥ 내 생일날 꼭 와 주면 좋겠어.
⑦ 함께 모여서 즐겁게 놀기 위해서　⑧ 영주

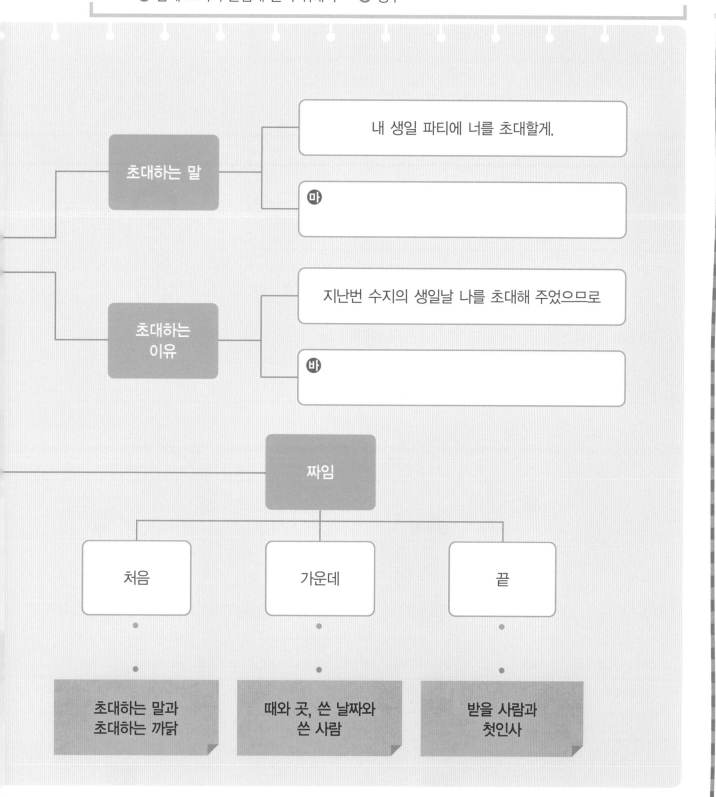

초대하는 말

내 생일 파티에 너를 초대할게.

ⓜ

초대하는 이유

지난번 수지의 생일날 나를 초대해 주었으므로

ⓑ

짜임

처음 → 초대하는 말과 초대하는 까닭

가운데 → 때와 곳, 쓴 날짜와 쓴 사람

끝 → 받을 사람과 첫인사

1 다음은 초대하는 글을 쓰려고 할 때 살펴보아야 할 점을 정리한 것입니다. 알맞은 것을 찾아 ○표 해 보세요.

초대하는 글을 쓸 때 살펴볼 점
① 받을 사람, 초대하는 말과 초대하는 까닭, 때와 곳, 쓴 날짜와 쓴 사람 등 들어가야 할 내용을 모두 썼는지 살펴봅니다.
② 초대하는 내용이 잘 드러나 있는지 살펴보고, 예의 바른 말로 썼는지 살펴봅니다.
③ 친구에게 쓸 때는 뜻이 잘 통하지 않는 문장을 써도 모두 이해하므로 살펴볼 필요가 없습니다.

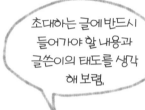

초대하는 글에 반드시 들어가야 할 내용과 글쓴이의 태도를 생각해 보렴.

2 다음은 앞의 글을 읽은 친구들의 대화입니다. 이 글을 <u>잘못</u> 이해하고 있는 친구는 누구인가요?

① 이 글은 친구를 초대하려고 쓴 초대장이야. 그런데 초대하는 곳과 때를 알 수 없어.

② 초대하는 글에 들어가야 할 내용을 빠짐없이 잘 썼어.

③ 이 글을 읽은 수지는 영주가 초대장을 보낸 이유를 쉽게 알 수 있었을 거야.

④ 영주는 수지뿐 아니라 다른 친구들도 10명이나 초대했어.

꼼꼼히 집중하여 읽기

글의 갈래	**이야기 글**
걸린 시간	분 초

 오늘 읽어 볼 글입니다. 차근차근 잘 읽고, 문제를 풀어 보세요.

아이들은 날마다 많은 나무와 색색의 꽃이 만발한 거인의 아름다운 정원에 들러 놀았습니다.

그러던 어느 날, 거인은 아이들이 자기 정원에서 뛰어놀고 있는 모습을 보고 사나운 목소리로 고함을 질렀습니다.

"이 정원은 내 정원이야, 그 누구도 들어오면 안 돼!"

아이들은 모두 무서워서 도망쳤고 거인은 정원 주변에 높은 담을 쌓았습니다. 그는 아주 욕심이 많은 거인이었습니다.

아이들은 더 이상 거인의 정원에 가지 않았습니다. 겨울이 지나 온 마을에 새봄이 돌아왔지만 욕심쟁이 거인의 정원은 계속 겨울이었습니다. 아이들이 놀러 오지 않으니까 나무들도 꽃 피울 생각을 잊고 있었습니다.

"왜 봄이 오지 않을까?"

거인은 봄을 기다렸습니다. 그러던 어느 날 아침, 거인은 창밖을 내다보았습니다. 정원의 담장 작은 구멍으로 아이들이 기어 들어와 나뭇가지마다 앉아 있었습니다. 거인은 너무 키가 작아서 나뭇가지 위로 올라가지 못하고 있는 어린 꼬마를 나무 위에 올려 주었습니다.

"자, 여기 앉아서 놀거라."

나무들은 아이들이 다시 돌아온 것이 너무 기뻐서 아름다운 꽃을 피웠고, 사라졌던 나비와 새들도 돌아왔습니다.

"아, 나는 지금까지 너무나 욕심쟁이였어. 왜 이곳에는 봄이 오지 않았는지 알겠어."

거인은 큰 도끼를 가져다가 담을 헐어 버렸습니다.

다음은 앞에서 읽은 글의 내용을 한눈에 볼 수 있도록 정리한 글밥지도입니다. 보기 에서 알맞은 말을 골라 빈칸을 채워 보세요. 그리고 이야기의 순서를 찾아 선으로 이어 보세요.

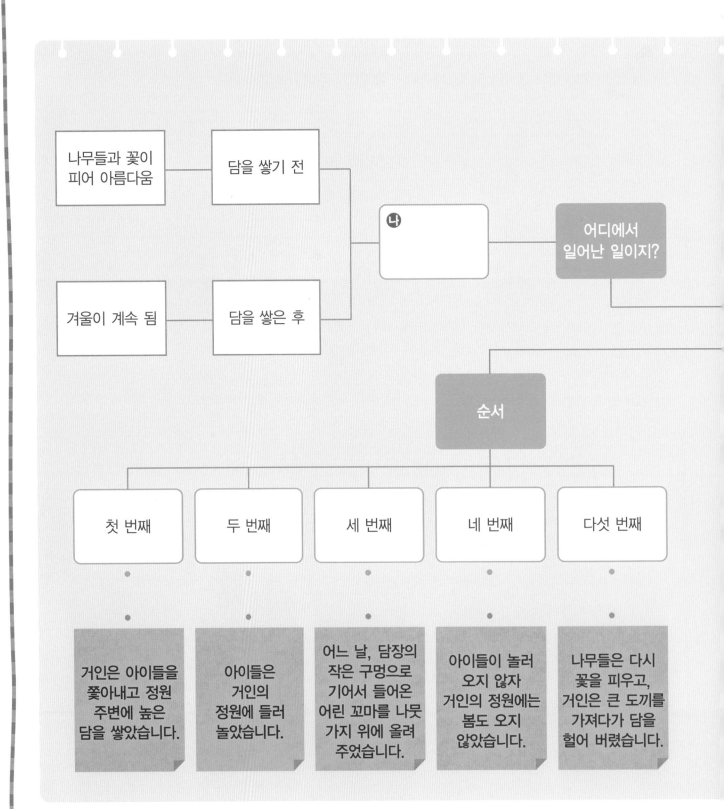

나무들과 꽃이 피어 아름다움

담을 쌓기 전

나

어디에서 일어난 일이지?

겨울이 계속 됨

담을 쌓은 후

순서

첫 번째

두 번째

세 번째

네 번째

다섯 번째

거인은 아이들을 쫓아내고 정원 주변에 높은 담을 쌓았습니다.

아이들은 거인의 정원에 들어 놀았습니다.

어느 날, 담장의 작은 구멍으로 기어서 들어온 어린 꼬마를 나뭇 가지 위에 올려 주었습니다.

아이들이 놀러 오지 않자 거인의 정원에는 봄도 오지 않았습니다.

나무들은 다시 꽃을 피우고, 거인은 큰 도끼를 가져다가 담을 헐어 버렸습니다.

보기

① 거인의 정원　　　② 거인　　　③ 거인의 친구

④ 학교　　　⑤ 친절하고 다정하다.　　　⑥ 욕심이 많고 사납다.

⑦ 자, 여기 앉아서 놀거라.　　　⑧ 왜 봄이 오지 않을까?

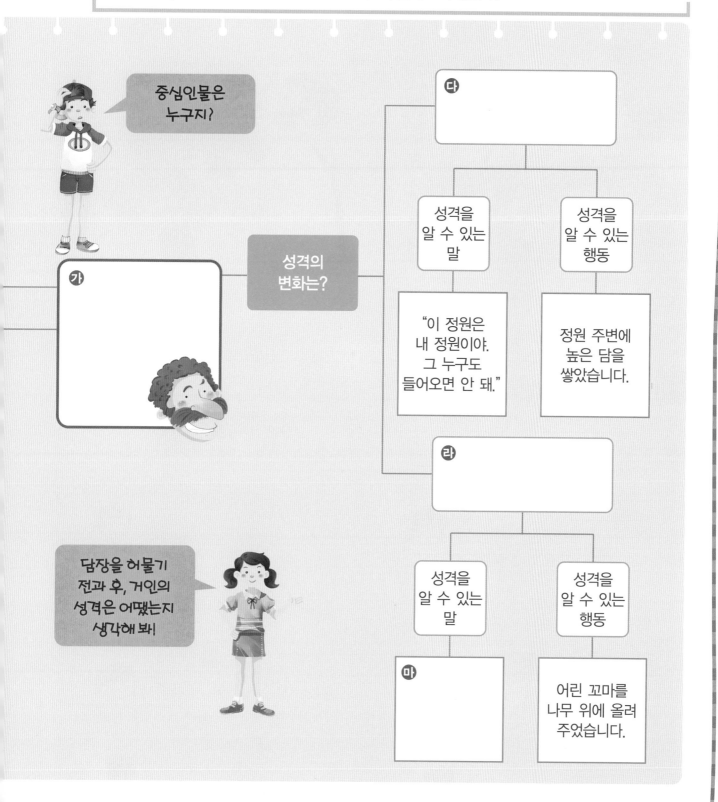

중심인물은
누구지?

다

가

성격의
변화는?

성격을
알 수 있는
말

성격을
알 수 있는
행동

"이 정원은
내 정원이야.
그 누구도
들어오면 안 돼."

정원 주변에
높은 담을
쌓았습니다.

라

담장을 허물기
전과 후, 거인의
성격은 어땠는지
생각해 봐!

성격을
알 수 있는
말

성격을
알 수 있는
행동

마

어린 꼬마를
나무 위에 올려
주었습니다.

1 다음은 이야기의 중요한 장면입니다. 아이들에 대한 거인의 마음이 어떻게 변하였는지 알맞은 말을 보기 에서 모두 골라 답해 보세요.

이 정원은 내 정원이야, 그 누구도 들어오면 안 돼!

①

자, 여기 앉아서 놀거라,

②

보기

| 귀찮아! | 귀여워! | 성가셔! | 좋아! |

2 다음은 앞의 글을 읽은 친구들의 대화입니다. 이 글을 <u>잘못</u> 이해하고 있는 친구는 누구인가요?

① 이야기의 주인공은 거인이고, 이야기의 배경은 거인의 정원이야.

② 거인의 정원은 원래 꽃이 피지 않는 정원이었어.

③ 거인의 정원에 봄이 다시 온 까닭은 거인이 따뜻한 마음을 갖게 되었기 때문이기도 해.

④ 거인의 집에 봄이 오지 않은 까닭은 아이들을 쫓아내고 담장을 쌓았기 때문이야.

오늘 읽어 볼 글입니다. 차근차근 잘 읽고, 문제를 풀어 보세요.

- 조사 대상 : 경복궁
- 조사 방법 : 백과사전, 문화재청 누리집
- 쓴 날짜 : 20○○년 ○○월 ○○일
- 쓴 사람 : 미래 초등학교 3학년 김초롱

　경복궁은 조선 시대 태조 3년(1394년)에 한양으로 수도를 옮긴 뒤 세운 가장 대표적인 궁궐이다. '경복' 이라는 이름은 정도전이 '큰 복을 누리며 번성하다.' 라는 뜻으로 지은 것이다. 그 뒤 태종은 경복궁의 연못을 크게 넓히고, 섬 위에 경회루를 만들었다. 우리나라에서 가장 큰 누각인 경회루는 임금과 신하가 모여 잔치를 하거나 외국 사신을 대접하는 곳이었다. 또, 연못을 크게 만들면서 파낸 흙으로는 왕비가 생활하던 교태전 뒤쪽에 '아미산' 이라는 동산을 만들었다. 임진왜란(1592년) 때 불에 탄 경복궁을 1867년에 흥선 대원군이 다시 세웠다.

- 경복궁의 위치 : 서울 종로구 세종로 1가
- 가는 방법 : 3호선 경복궁 역 5번 출구
- 관람 요금 : 어른 3,000원 / 어린이 1,500원
- 관람 시간 : 오전 9시~오후 6시
- 휴관일 : 매주 화요일

❶ **누각** : 사방을 바라볼 수 있도록 문과 벽이 없이 다락처럼 높이 지은 집

다음은 앞에서 읽은 글의 내용을 한눈에 볼 수 있도록 정리한 글밥지도입니다. 보기 에서 알맞은 말을 골라 빈칸을 채워 보세요. 그리고 글에 알맞은 제목을 찾아 선으로 이어 보세요.

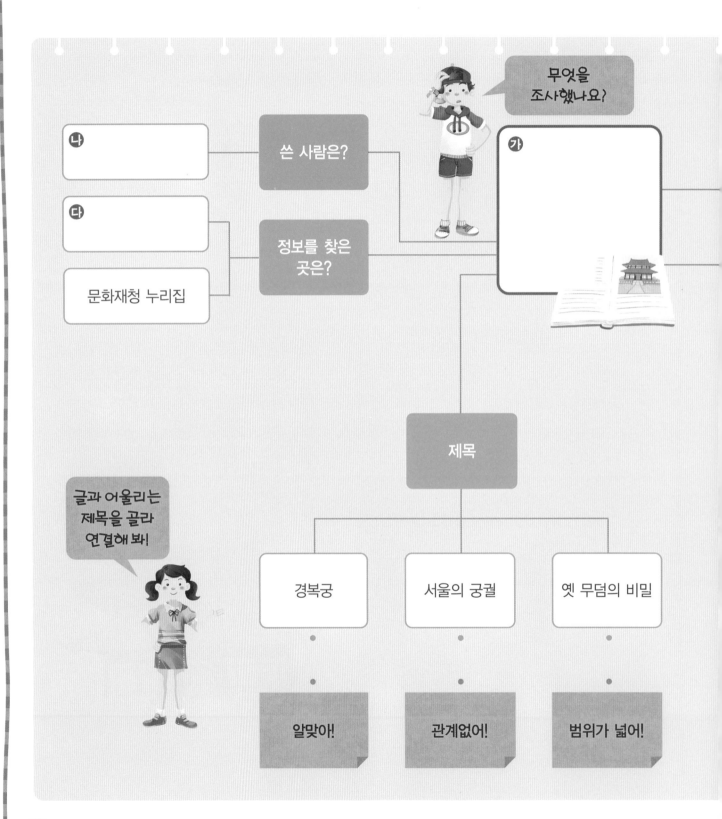

무엇을 조사했나요?

나

쓴 사람은?

가

다

정보를 찾은 곳은?

문화재청 누리집

제목

글과 어울리는 제목을 골라 연결해 봐!

경복궁

서울의 궁궐

옛 무덤의 비밀

알맞아!

관계없어!

범위가 넓어!

❶ 경회루 ❷ 백과사전 ❸ 경복궁
❹ 미래 초등학교 3학년 김초롱 ❺ 교태전 뒤쪽 아미산 ❻ 경복궁의 위치
❼ 큰 복을 누리며 번성하다. ❽ 신문

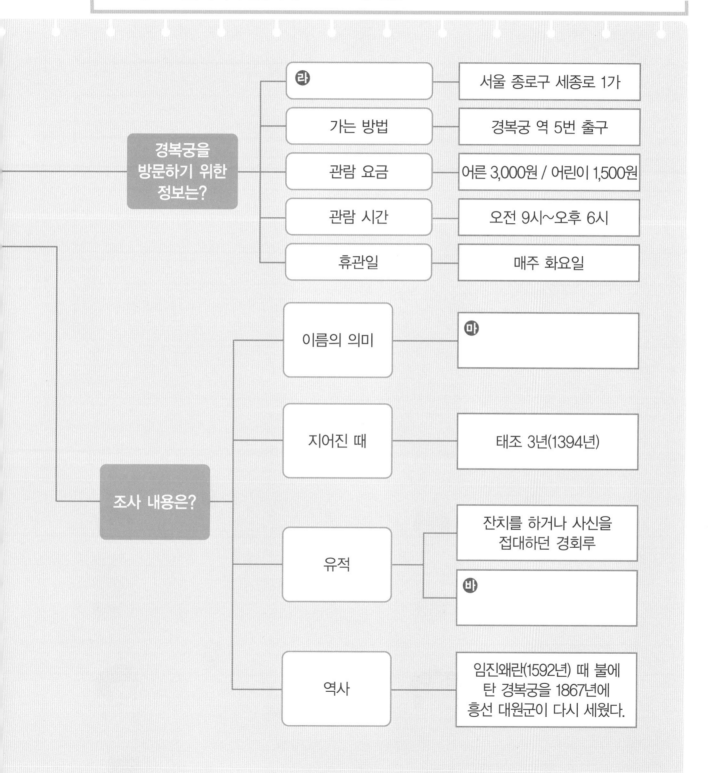

경복궁을
방문하기 위한
정보는?

라	서울 종로구 세종로 1가
가는 방법	경복궁 역 5번 출구
관람 요금	어른 3,000원 / 어린이 1,500원
관람 시간	오전 9시~오후 6시
휴관일	매주 화요일

조사 내용은?

이름의 의미	마
지어진 때	태조 3년(1394년)
유적	잔치를 하거나 사신을 접대하던 경회루
	바
역사	임진왜란(1592년) 때 불에 탄 경복궁을 1867년에 흥선 대원군이 다시 세웠다.

1 다음은 조사를 하면서 알게 된 문화유산입니다. 각각의 문화유산을 알맞게 설명한 말을 찾아 선으로 이어 보세요.

| 경복궁 | • | • | 왕비가 생활하던 곳 |

| 경회루 | • | • | 조선 시대 가장 대표적인 궁궐 |

| 아미산 | • | • | 교태전 뒤쪽 작은 동산 |

| 교태전 | • | • | 임금과 신하가 모여 잔치를 하거나 외국 사신을 대접하던 곳 |

2 다음은 앞의 글을 읽은 친구들의 대화입니다. 이 글을 <u>잘못</u> 이해하고 있는 친구는 누구인가요?

① 경복궁에 대해 조사한 것을 기록한 글이야.

② 경복궁에 대한 정보와 경복궁을 방문하기 위한 정보를 찾아 썼어.

③ 글쓴이가 경복궁에 직접 가서 보고 느낀 것을 쓴 글이라 더욱 생생해.

④ 백과사전과 문화재청 누리집에서 정보를 찾아 쓴 글이야.

 오늘 읽어 볼 글입니다. 차근차근 잘 읽고, 문제를 풀어 보세요.

크리스마스가 다가오자, 거리는 온통 크리스마스 분위기로 들떠 있었습니다. 델러는 남편 짐에게 멋진 크리스마스 선물을 사 주고 싶었지만 델러가 가진 돈이라고는 1달러 87센트가 전부였습니다. 그것은 아무것도 살 수 없는 아주 적은 돈이었습니다.

"사랑하는 남편에게 크리스마스 선물 하나 사 줄 수 없다니."

델러는 너무 슬퍼서 눈물을 흘렸습니다.

크리스마스 날, 델러는 거울 앞으로 다가가 자랑스럽게 여기는 윤기 나는 긴 머리카락을 바라보았습니다. 그러고는 가발 가게로 갔습니다.

"머리카락을 팔러 왔어요."

델러는 탐스러운[1] 머리카락을 잘라 20달러를 받고 팔았습니다. 그리고 짐에게 줄 멋진 시곗줄을 샀습니다.

남편 짐에게는 할아버지가 아버지에게, 아버지가 짐에게 물려준 금시계가 있었습니다. 훌륭한 시계였지만 시곗줄이 다 낡았습니다. 그래서 짐은 그 금시계를 팔아, 델러에게 줄 선물을 사려고 시계 가게에 갔습니다.

저녁이 되어 짐이 집으로 돌아왔습니다.

"당신에게 줄 선물을 사려고 머리카락을 잘랐어요."

델러는 환하게 웃으며 짐에게 시곗줄을 내밀었습니다.

짐은 델러의 짧은 머리를 어루만지며 말했습니다.

"델러, 당신의 길고 아름다운 머리에 꽂을 머리핀을 사기 위해서 시계를 팔았다오."

델러와 짐은 서로를 꼭 안아 주었답니다.

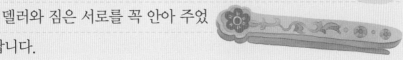

❶ **탐스러운** : 마음이 끌릴 만큼 큼직하고 볼 만한

글밥지도 그리기

다음은 앞에서 읽은 글의 내용을 한눈에 볼 수 있도록 정리한 글밥지도입니다. 보기 에서 알맞은 말을 골라 빈칸을 채워 보세요. 그리고 이야기의 순서를 찾아 선으로 이어 보세요.

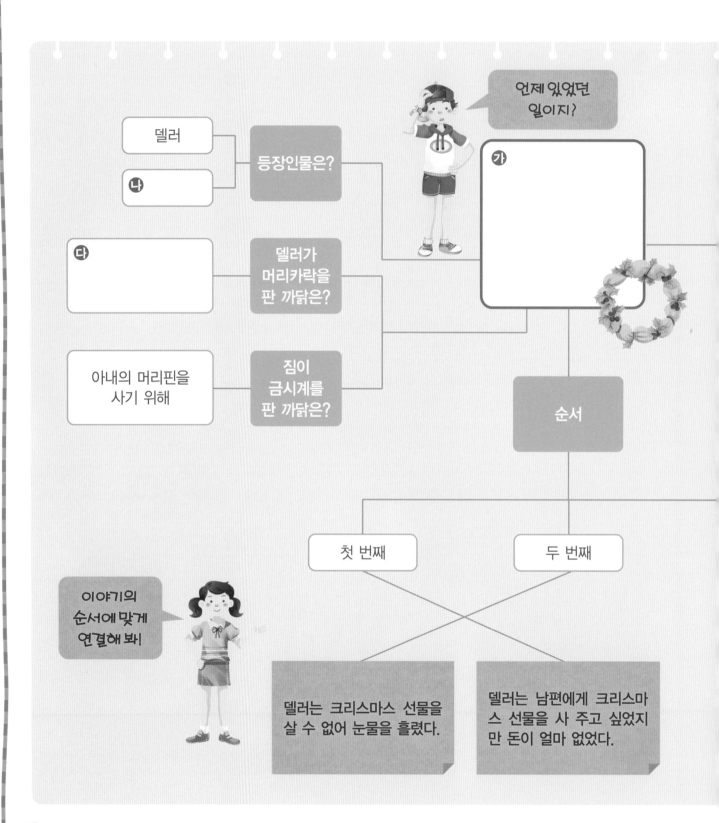

델러

나

등장인물은?

언제 있었던 일이지?

가

다

델러가 머리카락을 판 까닭은?

아내의 머리핀을 사기 위해

짐이 금시계를 판 까닭은?

순서

이야기의 순서에 맞게 연결해 봐!

첫 번째

두 번째

델러는 크리스마스 선물을 살 수 없어 눈물을 흘렸다.

델러는 남편에게 크리스마스 선물을 사 주고 싶었지만 돈이 얼마 없었다.

① 머리카락   ② 불우 이웃을 돕기 위하여   ③ 짐

④ 크리스마스   ⑤ 새해 아침   ⑥ 남편의 시곗줄을 사기 위해

⑦ 가난하지만 남편을 매우 사랑한다.   ⑧ 금시계

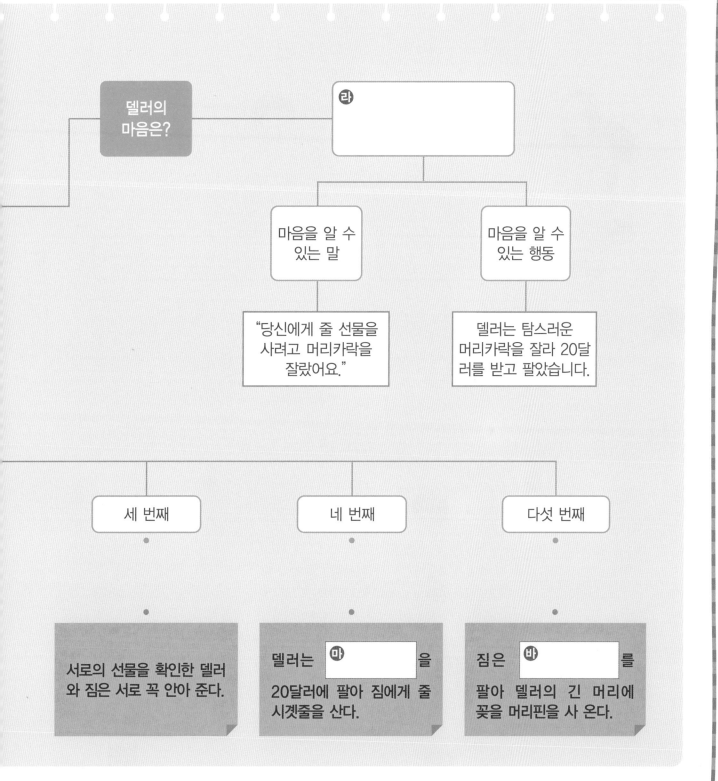

델러의 마음은?

라

마음을 알 수 있는 말

마음을 알 수 있는 행동

"당신에게 줄 선물을 사려고 머리카락을 잘랐어요."

델러는 탐스러운 머리카락을 잘라 20달러를 받고 팔았습니다.

세 번째

네 번째

다섯 번째

서로의 선물을 확인한 델러와 짐은 서로 꼭 안아 준다.

델러는 마 을 20달러에 팔아 짐에게 줄 시곗줄을 산다.

짐은 바 를 팔아 델러의 긴 머리에 꽃을 머리핀을 사 온다.

1 다음은 이야기의 중요한 장면입니다. 머리카락을 자르기 전과 후의 델러의 마음은 어땠을까요? 각각 **보기** 에서 골라 답해 보세요.

짐에게
멋진 선물을
사 주고 싶은데……,

①

이제 짐에게
멋진 선물을
사 줄 수 있겠다.

②

보기 ▷   슬프다.   뿌듯하다.   든든하다.   외롭다.

2 다음은 앞의 글을 읽은 친구들의 대화입니다. 이 글을 잘못 이해하고 있는 친구는 누구인가요?

① 이 이야기는 크리스마스 무렵을 배경으로 하고 있어.

② 가난하지만 서로를 아끼는 부부의 마음이 잘 드러나 있는 따뜻한 이야기야.

③ 크리스마스 선물을 사 주기 위해서 머리카락을 판 것을 보니 델러는 남편을 많이 사랑하는 것 같아.

④ 짐이 시계를 판 까닭은 시계가 낡았기 때문이야.

 오늘 읽어 볼 글입니다. 차근차근 잘 읽고, 문제를 풀어 보세요.

친구들 안녕하세요? 뚝딱 요리사예요.

오늘은 누구나 쉽게 만들어 맛있게 먹을 수 있는 참치 샌드위치 만드는 방법을 알려 드리겠습니다.

참치 샌드위치를 만들기 위해서는 먼저 필요한 재료들을 준비해야 합니다.

재료는 참치 샌드위치라는 이름에 맞게 참치 캔 1개와 식빵 4장, 오이 1/2개, 양파 1/2개, 그리고 마요네즈입니다.

모든 재료 준비가 끝나면 샌드위치를 만듭니다.

오이와 양파를 깨끗하게 씻은 뒤 얇게 채를 썰어 주세요.

참치 캔은 소쿠리에 받쳐 기름기를 제거해 주세요.

그릇에 오이, 참치, 다진 양파를 넣고 마요네즈로 잘 버무려 주세요.

그다음 식빵에 준비한 재료를 넣고 다른 식빵을 덮어 먹기 좋은 크기로 잘라 주세요.

접시에 보기 좋게 샌드위치를 담고 우유와 함께 차려 내면 좋습니다.

간단한 재료로 손쉽게 만들 수 있는 참치 샌드위치, 휴일에 가족과 함께 즐겨 보세요.

다음은 앞에서 읽은 글의 내용을 한눈에 볼 수 있도록 정리한 글밥지도입니다. 보기 에서 알맞은 말을 골라 빈칸을 채워 보세요. 그리고 글에 알맞은 제목과 요리 순서 를 찾아 선으로 이어 보세요.

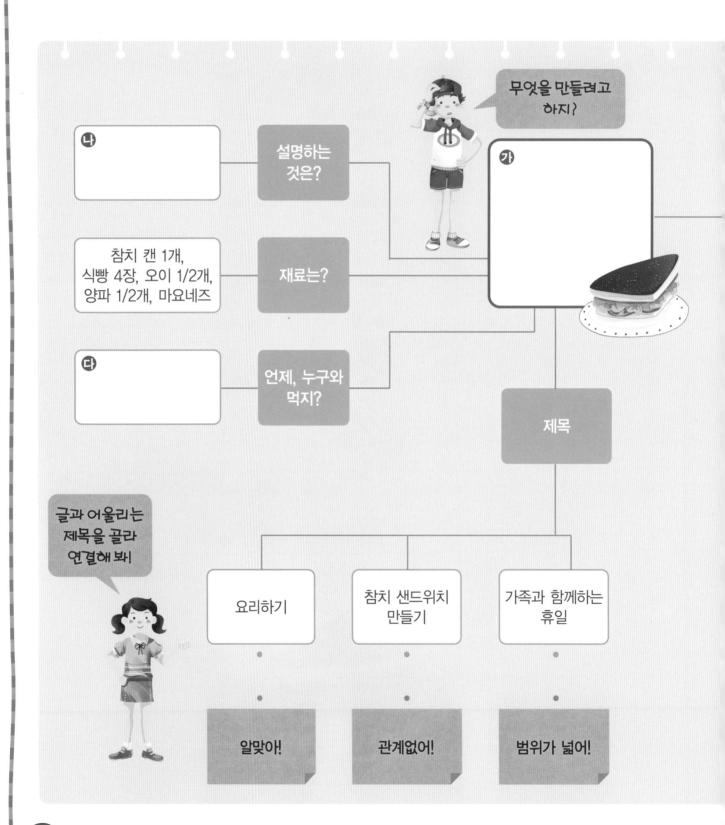

무엇을 만들려고 하지?

가

나

설명하는 것은?

참치 캔 1개, 식빵 4장, 오이 1/2개, 양파 1/2개, 마요네즈

재료는?

다

언제, 누구와 먹지?

제목

글과 어울리는 제목을 골라 연결해 봐!

요리하기

참치 샌드위치 만들기

가족과 함께하는 휴일

알맞아!

관계없어!

범위가 넓어!

① 참치 샌드위치   **② 채소를 다듬는 과정**   **③ 휴일에 가족과**

④ 요리 방법   **⑤ 각종 재료들을 준비한다.**   **⑥ 명절에 가족과**

⑦ 우유와 차려 낸다.   **⑧ 빵을 먹기 좋은 크기로 자른다.**

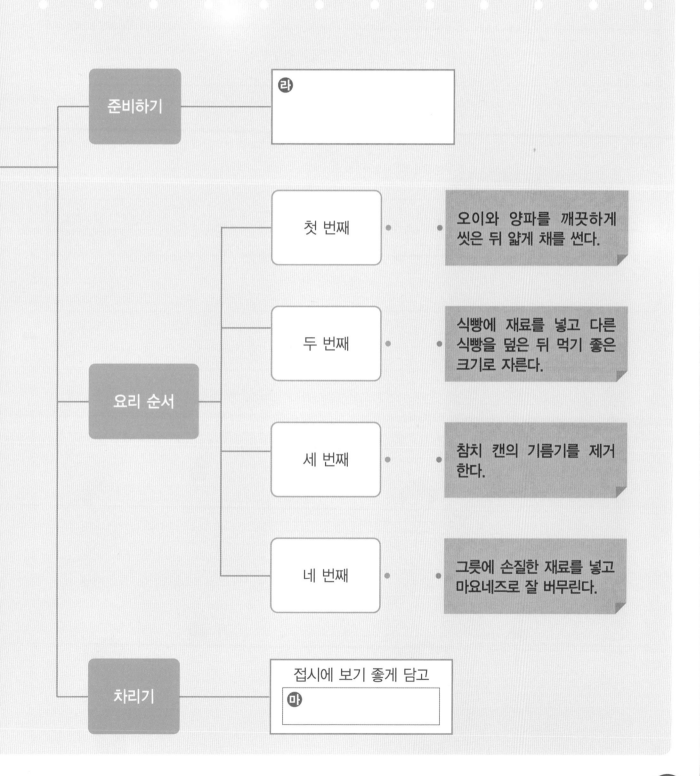

115

1 다음은 참치 샌드위치를 만드는 법을 읽고, 글의 특징을 정리한 것입니다. 알맞은 것에 ○표 해 보세요.

글의 특징
① 참치 샌드위치 만드는 순서와 방법을 몇 부분으로 나누어 썼다.
② 참치 샌드위치 만드는 데 필요한 재료에 대해서는 설명하지 않았다.
③ 함께 먹으면 좋은 음료는 소개하지 않았다.
④ 요리를 할 때 주의할 점을 자세히 소개했다.
⑤ 언제, 누구와 먹으면 좋은지는 소개하지 않았다.

2 다음은 앞의 글을 읽은 친구들의 대화입니다. 이 글을 가장 바르게 이해하고 있는 친구는 누구인가요?

①
이 글에는 참치 샌드위치를 만들게 된 까닭이 나타나 있어.

②
어머니께 샌드위치를 만들어 달라고 부탁하는 편지글이야.

③
이 글은 참치 샌드위치를 만드는 방법을 순서대로 정리하여 쓴 글이야.

④
글쓴이는 인스턴트 음식을 먹지 말자고 주장하고 있어.

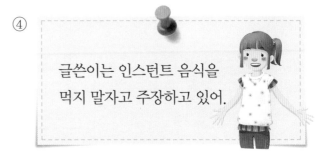

 오늘 읽어 볼 글입니다. 차근차근 잘 읽고, 문제를 풀어 보세요.

하승현

나는 네가 참 좋아.
조그만 입술에서 나오는 말은
숲 속 시냇물처럼
내 마음에 흘러.

나는 네가 참 좋아.
가만히 책을 보는 모습을 보면
우주의 모든 소망이 별똥별처럼
내 마음으로 쏟아져 들어오는 것 같아.

나는 네가 참 좋아.
같이 있어도 떨어져 있어도
내 마음속에 뿌리 내린 큰 나무 같은
너의 싱그러움이 좋아.

나는 네가 참 좋아.
떠올리면 흐뭇해지는 조그만 고 녀석.
귀여워서 앙~ 한 입 깨물어 주고 싶은
나의 동생 혜진이.

다음은 앞에서 읽은 글의 내용을 한눈에 볼 수 있도록 정리한 글밥지도입니다. 보기
에서 알맞은 말을 골라 빈칸을 채워 보세요. 그리고 글에 알맞은 제목을 찾아 선으
로 이어 보세요.

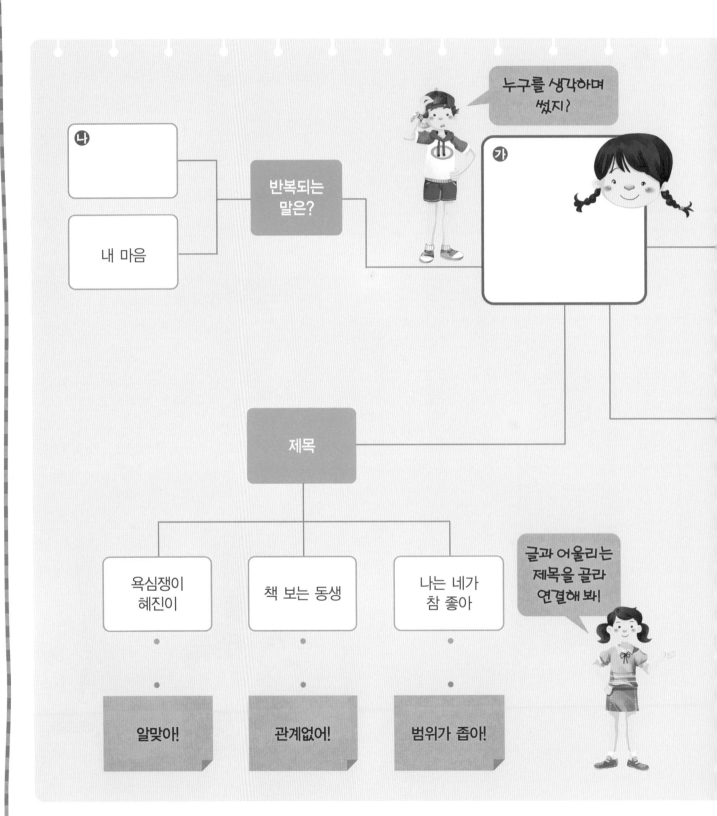

보기

❶ 깨물어 주고 싶은 귀여운 모습　❷ 가만히 책을 보는 모습　❸ 싱그러움

❹ 나는 네가 참 좋아.　❺ 내 마음　❻ 큰 나무

❼ 숲 속 시냇물　❽ 내 동생 혜진이

내가 좋아하는 동생의 모습은?

- 1연❶ —— 조그만 입술에서 나오는 말
- 2연 —— 다
- 3연 —— 라

비유한❷ 말은?

- 조그만 입술에서 나오는 말 —— 마
- 너의 싱그러움 —— 바

❶ **연** : 시의 몇 행(줄)을 한 단위씩 묶어서 구분한 부분
❷ **비유** : 다른 것에 빗대어서 표현하는 방법

1 다음은 글쓴이와 동생이 서로 바라보며 달려오는 모습입니다. 이 장면에서 두 사람의 마음으로 알맞은 말을 모두 골라 ○표 해 보세요.

사랑스럽다.		귀찮다.		얄밉다.		반갑다.	

2 다음은 앞의 글을 읽은 친구들의 대화입니다. 이 글을 <u>잘못</u> 이해하고 있는 친구는 누구인가요?

① 동생을 아끼고 사랑하는 언니의 마음이 잘 드러나 있어.

② '나는 네가 참 좋아.' 라는 말이 반복되고 있어.

③ 동생에 대한 느낌을 시냇물, 나무 등에 빗대어 표현하고 있어.

④ 한 입 깨물어 주고 싶다고 한 건 미워한다는 뜻이야.

오늘 읽어 볼 글입니다. 차근차근 잘 읽고, 문제를 풀어 보세요.

독도는 한국의 동쪽 끝 경상북도 울릉군 독도리에 있는 섬입니다. 독도 주변의 바다에는 명태, 꽁치, 오징어 등을 비롯한 해산물이 풍부하고 매우 큰 양의 천연가스가 묻혀 있습니다. 뿐만 아니라 주변 풍경이 아름다워 관광지로도 가치가 있는 곳입니다.

그런데 일본이 독도를 일본 땅이라고 주장하고 있습니다. 일본은 초등학교 사회 교과서에 독도를 일본 영토로 표시할 것이라고 합니다. 일부 교과서에는 '한국이 불법으로 독도를 차지하고 있다.'는 설명까지 넣는다고 합니다.

신라 지증왕 13년에 울릉도와 독도로 구성된 우산국이라는 나라가 신라에 합쳐지면서 독도는 한국의 영토가 되었습니다. 프랑스의 〈조선왕국전도〉라는 지도에도 독도가 조선 왕국 영토로 표시되어 있고 1877년도 일본의 공문서에도 울릉도와 독도는 일본 영토가 아니므로 지도에 포함시키지 말라는 내용이 담겨 있습니다. 특히 광복 이듬해인 1946년 1월 29일 연합군 최고 사령부는 '독도'를 원래의 주인인 한국에 돌려주기로 결정하였습니다.

독도는 한국 땅입니다. 왜곡된 교과서는 일본의 어린이들에게 잘못된 생각을 심어 주어 한국과 일본의 관계에 나쁜 영향을 미칠 수 있습니다. 일본 정부는 독도에 대한 영유권[1] 주장을 포기하고 잘못된 일본의 초등학교 교과서를 하루 빨리 수정해야 합니다.

❶ **영유권** : 어떤 것의 주인임을 내세울 권리

다음은 앞에서 읽은 글의 내용을 한눈에 볼 수 있도록 정리한 글밥지도입니다. 보기 에서 알맞은 말을 골라 빈칸을 채워 보세요. 그리고 글에 알맞은 제목과 각 문단의 내용을 찾아 선으로 이어 보세요.

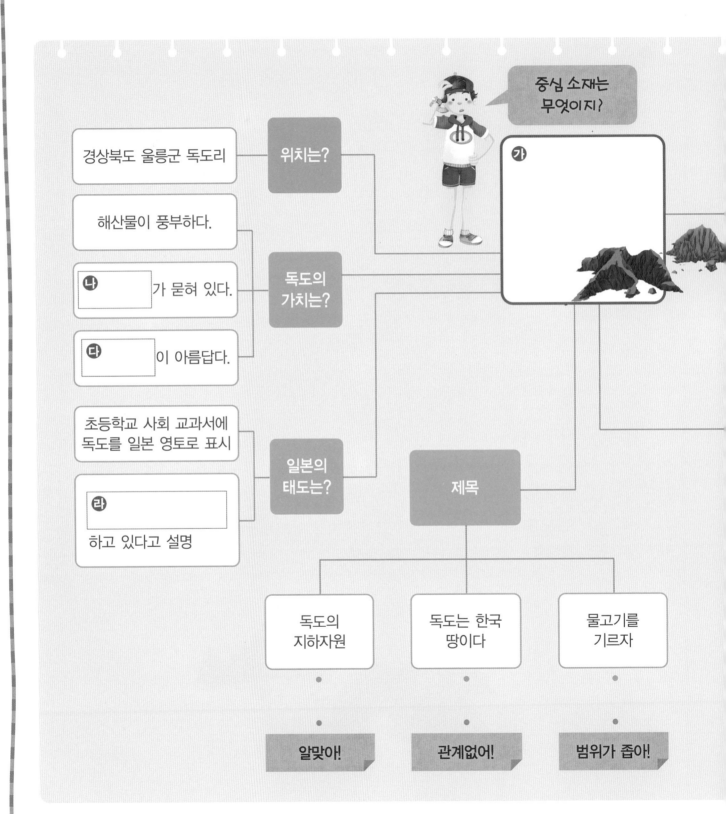

중심 소재는 무엇이지?

경상북도 울릉군 독도리 — 위치는?

해산물이 풍부하다.

나   가 묻혀 있다. — 독도의 가치는?

다   이 아름답다.

초등학교 사회 교과서에 독도를 일본 영토로 표시

라

하고 있다고 설명 — 일본의 태도는?

가

제목

독도의 지하자원

독도는 한국 땅이다

물고기를 기르자

알맞아!

관계없어!

범위가 좁아!

보기

① 울릉도 　　　 ② 천연가스 　　　 ③ 주변 풍경

④ 독도 　　　 ⑤ 한국이 독도를 불법으로 차지 　　　 ⑥ 대마도

⑦ 일본 영토 　　　 ⑧ 식민지에서 해방되었다는

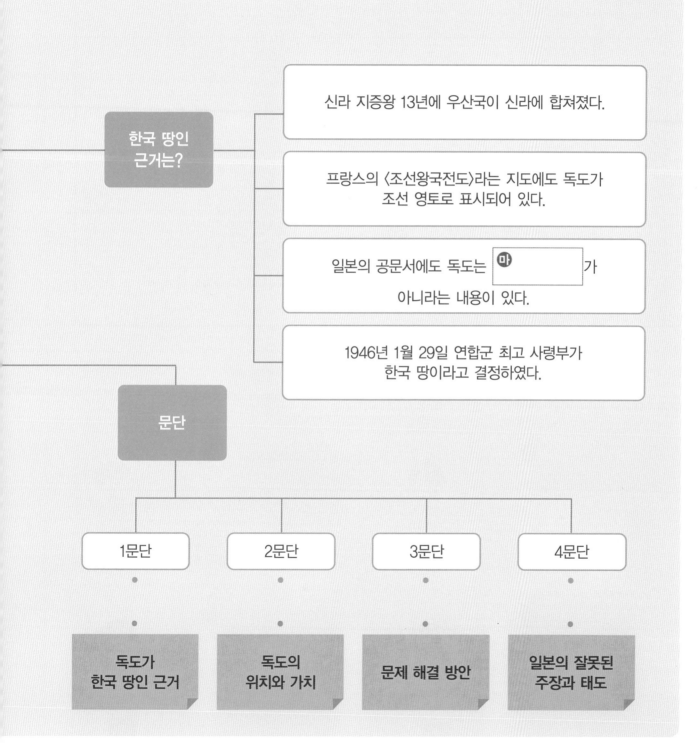

한국 땅인 근거는?

신라 지증왕 13년에 우산국이 신라에 합쳐졌다.

프랑스의 〈조선왕국전도〉라는 지도에도 독도가 조선 영토로 표시되어 있다.

일본의 공문서에도 독도는 　마　 가 아니라는 내용이 있다.

1946년 1월 29일 연합군 최고 사령부가 한국 땅이라고 결정하였다.

문단

1문단 · 독도가 한국 땅인 근거

2문단 · 독도의 위치와 가치

3문단 · 문제 해결 방안

4문단 · 일본의 잘못된 주장과 태도

1 다음은 글쓴이가 제기한 문제의 주장을 정리한 것입니다. 그 주장을 뒷받침해 줄 수 있는 까닭으로 알맞은 것을 골라 ○표 해 보세요.

문제 제기	일본은 독도가 일본 땅이라고 주장하고 있다.
주장	독도는 한국 땅이다.
까닭	① 신라 지증왕 13년에 울릉도와 독도를 영토로 했던 우산국이 신라에 합쳐졌다.
	② 일본의 모든 초등학교 교과서에 독도가 일본 땅으로 표시 되어 있다.
	③ 프랑스의 〈조선왕국전도〉라는 지도에도 독도가 조선 왕국 영토로 표시되어 있다.
	④ 1946년 연합군 최고 사령부는 '독도'를 한국에 돌려주기로 결정하였다.

2 다음은 앞의 글을 읽은 친구들의 대화입니다. 이 글을 잘못 이해하고 있는 친구는 누구인가요?

① 독도가 한국 땅이라는 주장에 알맞은 까닭을 제시하고 있어.

② 독도 주변의 바다는 해산물과 자원이 풍부한 곳이야.

③ 일본이 초등학교 사회 교과서에 독도를 일본 땅으로 표시할 계획이래.

④ 일본은 한국 땅인 대마도를 일본 땅이라고 주장하고 있어.

 오늘 읽어 볼 글입니다. 차근차근 잘 읽고, 문제를 풀어 보세요.

충녕 대군은 1397년 태종과 원경 왕후 사이에서 셋째 아들로 태어났습니다. 충녕 대군은 어릴 때부터 책을 매우 좋아했습니다. 충녕 대군에게는 두 형인 양녕과 효령 대군이 있었지만 태종은 학문을 좋아하고 총명한 충녕 대군에게 왕의 자리를 물려주었습니다. 충녕 대군이 바로 1418년 조선의 네 번째 임금이 된 세종 대왕입니다.

임금이 된 세종 대왕은 문화 발전에 힘을 쏟았습니다. 집현전을 만들어 유능한 학자들을 뽑아 학문을 연구하고 서적을 편찬하도록 하였습니다. 또한 마음이 착하고 어질었던 세종 대왕은 우리 민족에게 고유의 글이 없어 백성들이 그들의 뜻을 제대로 표현하지 못하는 것을 안타깝게 생각하였습니다.

"백성들이 쉽고 편리하게 사용할 수 있는 글자를 만들도록 합시다."

세종 대왕은 학자들과 함께 연구에 연구를 거듭하여 1443년 훈민정음 28자를 만들었습니다. 과학 기술 발전에도 힘을 쏟아 세계 최초로 측우기를 만들었고, 물시계와 해시계 등도 만들었습니다. 한편으로는 국력을 쌓아 국토를 넓히기도 했습니다.

세종 대왕은 1450년 54세의 나이로 세상을 떠났으며 경기도 여주 영릉에 묻혔습니다. 세종 대왕은 백성을 사랑하는 어진 임금으로, 문화를 발전시켜 조선의 황금시대를 이룩한 성군❶으로 지금까지 기억되고 있습니다.

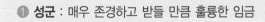

❶ **성군** : 매우 존경하고 받들 만큼 훌륭한 임금

글밥지도 그리기

다음은 앞에서 읽은 글의 내용을 한눈에 볼 수 있도록 정리한 글밥지도입니다. 보기 에서 알맞은 말을 골라 빈칸을 채워 보세요. 그리고 글에 알맞은 제목을 찾아 선으로 이어 보세요.

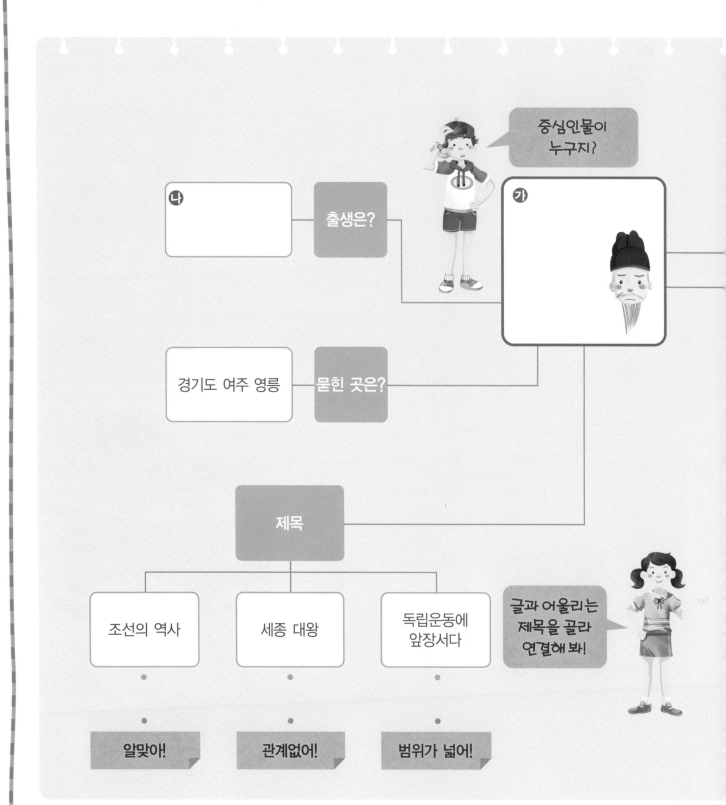

중심인물이 누구지?

나

출생은?

가

경기도 여주 영릉

묻힌 곳은?

제목

조선의 역사

세종 대왕

독립운동에 앞장서다

글과 어울리는 제목을 골라 연결해 봐!

알맞아!

관계없어!

범위가 넓어!

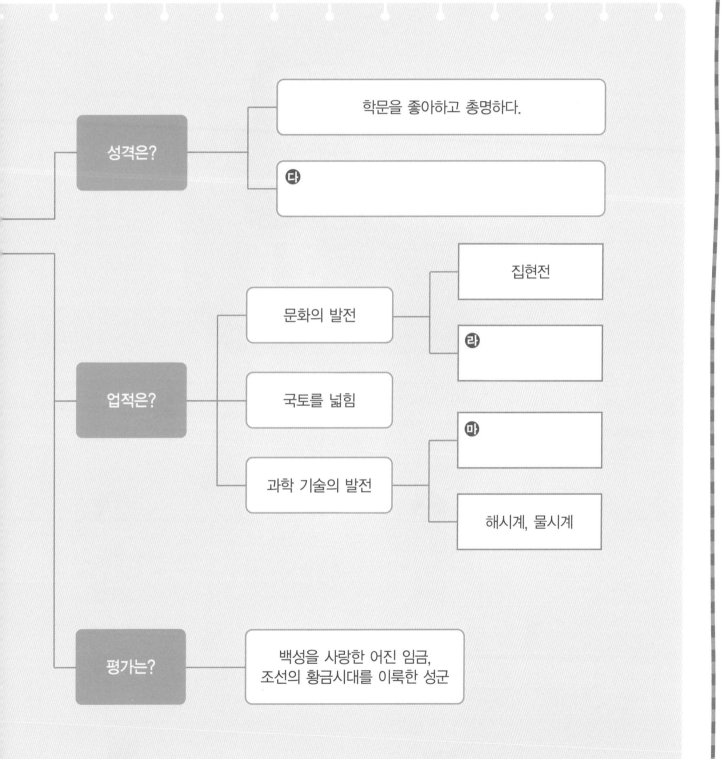

성격은?

학문을 좋아하고 총명하다.

다

업적은?

문화의 발전

집현전

라

국토를 넓힘

과학 기술의 발전

마

해시계, 물시계

평가는?

백성을 사랑한 어진 임금,
조선의 황금시대를 이룩한 성군

1 친구들이 당시의 백성이라면 세종 대왕에게 어떤 마음이 들었을까요? 세종 대왕에게 하고 싶은 말을 말풍선 안에 써 보세요.

2 다음은 앞의 글을 읽은 친구들의 대화입니다. 이 글을 <u>잘못</u> 이해하고 있는 친구는 누구인가요?

① 태종의 셋째 아들이었던 충녕 대군은 총명했지만 왕이 되지 못했어.

② 조선의 네 번째 임금이 된 충녕 대군이 바로 세종 대왕 이야.

③  세종 대왕은 백성을 사랑하는 어진 마음을 지닌 임금이었어.

④  이 글은 세종 대왕에 관한 역사 사실을 바탕으로 쓴 전기문이야.

오늘 읽어 볼 글입니다. 차근차근 잘 읽고, 문제를 풀어 보세요.

아이티에서 강진 발생

세계 여러 나라의 도움의 손길 이어져

1월 12일 중앙아메리카 아이티에서 리히터 규모 7의 강한 지진이 발생했다. 이번 강진은 단층❶에 의한 자연재해로 가장 처음 지진파가 발생한 곳은 아이티의 수도 포르토프랭스에서 남서쪽으로 25킬로미터 떨어진 레오간의 지하 13킬로미터 지점이다.

아이티의 대통령 궁을 비롯해 수도 포르토프랭스의 정부 기관 건물들이 붕괴되었고, 인명 피해가 매우 컸다. 정확한 수를 파악하지 못하고 있지만 이번 강진으로 인한 사망자는 10만 명이 넘을 것으로 예상된다. 또 유엔 평화 유지군 17명이 숨졌다.

하지만 계속되는 여진❷과 구호 장비의 부족으로 생존자 구조 작업은 이루어지지 않고 있으며, 수백 명의 부상자가 치료를 받지 못하고 있는 실정이다.

한국 정부는 최소 500만 달러, 태국은 쌀, 호주는 1,000만 달러를 지원하기로 했다. 그 밖에 일본, 영국, 캐나다 등도 수백만 달러의 구호금을 전달하겠다고 밝히는 등 세계 여러 나라들이 적극적인 도움의 손길을 보내고 있다.

〈○○일보〉, 지진나 기자

❶ **단층** : 지각 변동으로 지층이 갈라져 어긋나는 현상

❷ **여진** : 큰 지진이 일어난 다음에 얼마 동안 잇따라 일어나는 작은 지진

다음은 앞에서 읽은 글의 내용을 한눈에 볼 수 있도록 정리한 글밥지도입니다. 보기 에서 알맞은 말을 골라 빈칸을 채워 보세요. 그리고 문단의 내용을 찾아 선으로 이어 보세요.

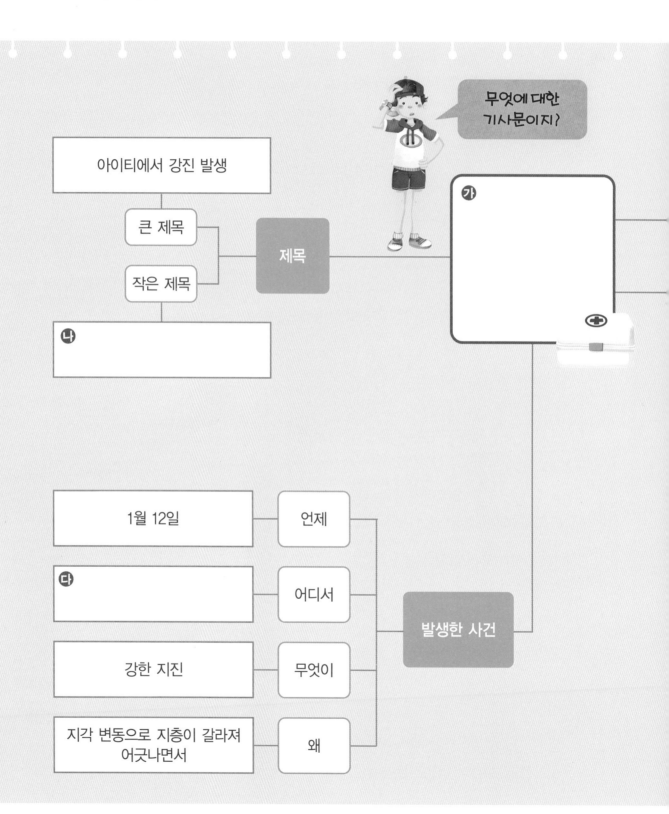

무엇에 대한 기사문이지?

아이티에서 강진 발생

큰 제목

작은 제목

제목

가

나

1월 12일

언제

다

어디서

발생한 사건

강한 지진

무엇이

지각 변동으로 지층이 갈라져 어긋나면서

왜

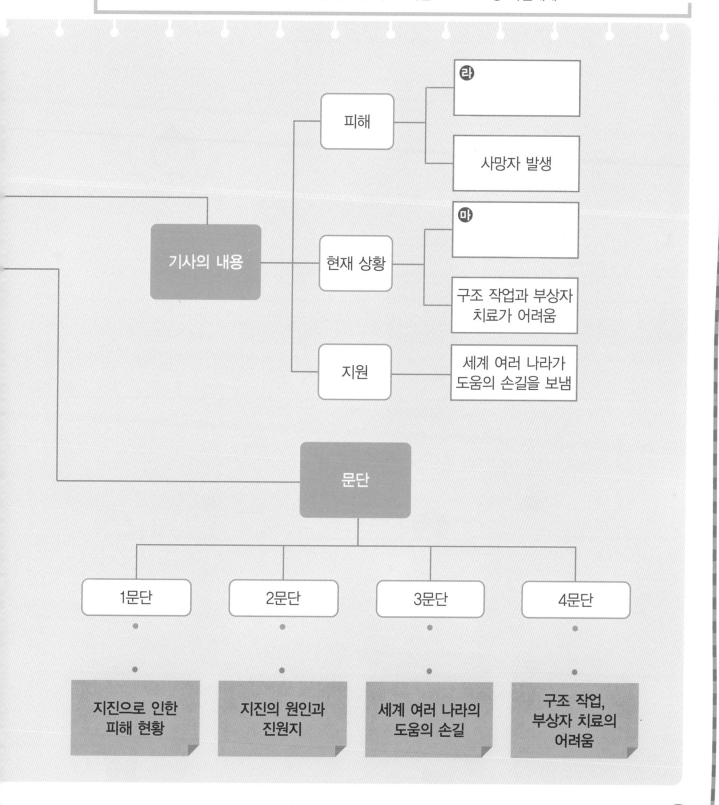

보기
1. 환경 보호의 중요성
2. 중앙아메리카 아이티
3. 아이티 강진
4. 세계 여러 나라의 도움의 손길 이어져
5. 정부 기관 건물 붕괴
6. 여진과 구호 장비의 부족
7. 신속한 구조 작업
8. 자연재해

기사의 내용

피해
라
사망자 발생

현재 상황
마
구조 작업과 부상자 치료가 어려움

지원
세계 여러 나라가 도움의 손길을 보냄

문단

1문단 — 지진으로 인한 피해 현황

2문단 — 지진의 원인과 진원지

3문단 — 세계 여러 나라의 도움의 손길

4문단 — 구조 작업, 부상자 치료의 어려움

1 다음은 세계 여러 나라가 아이티에 준 도움을 정리한 것입니다. 보기 에서 빈칸에 들어갈 알맞은 말을 골라 답해 보세요.

나라 이름	도움
한국	최소 500만 달러
태국	①
호주	②
일본, 영국, 캐나다	수백만 달러

세계 각국이 아이티에 어떤 도움을 주고 있다고 했는지 떠올려 봐!

보기

| 쌀 | 의료품 | 1,000만 달러 | 2,000만 달러 |

2 다음은 앞의 글을 읽은 친구들의 대화입니다. 이 글을 <u>잘못</u> 이해하고 있는 친구는 누구인가요?

① 강진으로 인한 사망자가 10만 명이 넘는다니 안타까워.

② 지진의 원인과 최초로 지진파가 발생한 지역을 알 수 있어.

③ 한국, 태국, 영국, 캐나다, 호주, 일본만 아이티를 돕고 있대.

④ 각국에서 도움의 손길을 보내고 있다는 따뜻한 내용도 포함되어 있어.

꼼꼼히 집중하여 읽기

 오늘 읽어 볼 글입니다. 차근차근 잘 읽고, 문제를 풀어 보세요.

민들레는 국화과에 속하는 여러해살이풀입니다. 작은 키 때문에 '앉은뱅이'라는 별명이 있으며, 한국의 들판 어디에서나 스스로 나고 자라는 식물입니다.

민들레는 이른 봄에 뿌리에서 깃 모양으로 갈라진 잎이 나와 땅 위를 따라 옆으로 퍼집니다. 4~5월에 잎 사이에서 나온 30센티미터 정도의 꽃줄기 위에 노란색 꽃이 핍니다. 민들레는 수많은 꽃이 모여 한 송이 꽃을 이루는 통꽃입니다. 민들레 한 송이를 이루는 작은 꽃들을 두상화라고 합니다. 씨에는 흰 갓털이 있어 바람이 불면 멀리 날아가 퍼집니다.

요즈음에는 민들레보다 외국에서 들어온 서양 민들레를 더 흔히 볼 수 있습니다. 서양민들레와 우리 민들레는 거의 비슷합니다. 단, 서양 민들레는 꽃 받침대 중 바깥쪽에 있는 것들이 뒤로 젖혀 있는데 우리 민들레는 모든 꽃 받침대가 곧게 서 있습니다.

민들레는 햇빛이 잘 드는 곳이라면 쉽게 기를 수 있어 먹을거리로도 많이 이용되고 있습니다. 어린잎은 쌈 채소로 먹기도 하고, 살짝 데쳐 양념한 나물 반찬으로 먹기도 합니다. 민들레는 약재로도 쓰이는 식물입니다. 새로 난 잎은 위궤양에 좋고, 뿌리는 뱀에 물렸을 때 다져서 바르기도 합니다. 민들레 꽃을 따서 그늘에 말렸다가 결핵에 걸렸을 때 먹기도 합니다. 또 감기, 인후염, 기관지염, 간염, 소화 불량, 변비 등의 치료제로 효과가 있습니다.

❶ **갓털** : 씨방의 맨 끝에 붙은 솜털 같은 것

글밥지도
그리기

다음은 앞에서 읽은 글의 내용을 한눈에 볼 수 있도록 정리한 글밥지도입니다. 보기
에서 알맞은 말을 골라 빈칸을 채워 보세요. 그리고 글에 알맞은 제목과 각 문단의
내용을 찾아 선으로 이어 보세요.

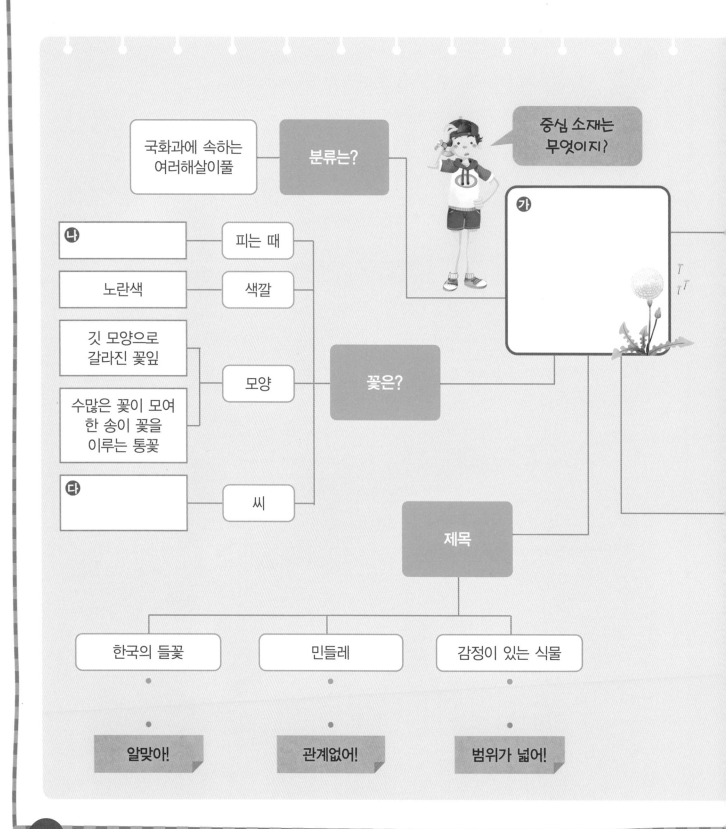

국화과에 속하는
여러해살이풀 ─── 분류는?

중심 소재는
무엇이지?

가

나 ─── 피는 때

노란색 ─── 색깔

깃 모양으로
갈라진 꽃잎

수많은 꽃이 모여
한 송이 꽃을
이루는 통꽃

모양 ─── 꽃은?

다 ─── 씨

제목

한국의 들꽃   민들레   감정이 있는 식물

·   ·   ·

·   ·   ·

알맞아!   관계없어!   범위가 넓어!

보기
① 민들레
② 7~8월
③ 흰 갓털이 있다.
④ 4~5월
⑤ 그늘진 곳
⑥ 햇빛이 잘 드는 곳
⑦ 꽃과 잎, 뿌리 등을 약재로 이용
⑧ 꽃을 보려고 심는다.

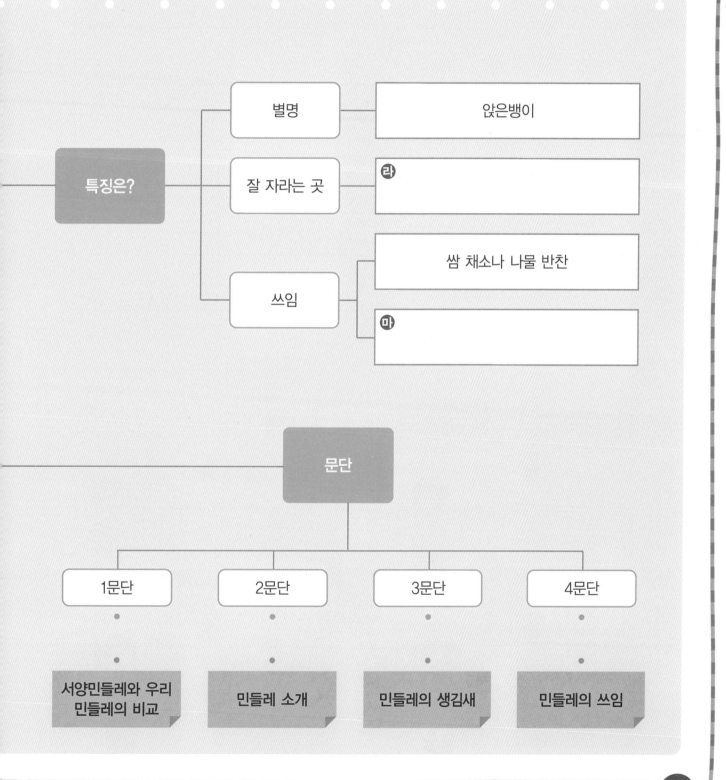

특징은?

별명 ─ 앉은뱅이

잘 자라는 곳 ─ 라

쓰임 ─ 쌈 채소나 나물 반찬
쓰임 ─ 마

문단

| 1문단 | 2문단 | 3문단 | 4문단 |

서양민들레와 우리 민들레의 비교

민들레 소개

민들레의 생김새

민들레의 쓰임

1 글쓴이는 서양 민들레와 우리 민들레의 차이점을 설명했습니다. 서양민들레에만 해당하는 특징을 찾아 ○표 해 보세요.

서양 민들레의 특징
① 요즈음에 더 흔히 볼 수 있습니다.
② 꽃 받침대 중 바깥쪽에 있는 것들이 뒤로 젖혀 있습니다.
③ 모든 꽃 받침대들이 곧게 서 있습니다.
④ 한국의 들판 어디에서나 스스로 나고 자랍니다.
⑤ 수많은 꽃이 모여 한 송이를 이루는 통꽃입니다.

2 다음은 앞의 글을 읽은 친구들의 대화입니다. 이 글을 <u>잘못</u> 이해하고 있는 친구는 누구인가요?

①
이 글에는 설명하는 대상이 구체적으로 잘 드러나 있어.

②
아무 데서나 자라지 않는 희귀 식물인 민들레는 그 쓰임이 생각보다 다양해.

③
민들레가 국화과의 여러해살이풀이라는 것을 알게 되었어.

④
민들레가 바람에 잘 날아가 퍼지는 이유는 씨에 갓털이 있기 때문이야.

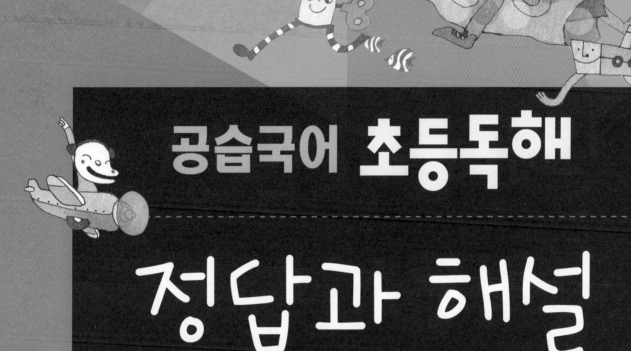

공습국어 초등독해

정답과 해설

3·4학년 　심화 I

주니어김영사

글밥지도 그리기

㉮ ③ 옹고집
㉯ ② 옛날
㉰ ① 어느 마을
㉱ ⑤ 중에게 줄 쌀은 한 톨도 없으니 당장 나가거라!
㉲ ⑦ 스님 엉덩이를 발로 차서 내쫓았어요.
㉳ ④ 스님
㉴ ⑧ 진짜

● 제목

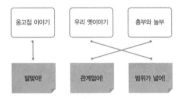

해설

- **옹고집 이야기** : 우리 옛이야기 가운데 옹고집을 주인공으로 하는 전래 동화이므로 '옹고집 이야기' 가 알맞습니다.
- **우리 옛이야기** : 우리 옛이야기에는 신화, 전설, 민담 등이 있고, 각각 수많은 이야기가 있습니다. '우리 옛이야기' 라고 하면 제목의 범위가 넓습니다.
- **흥부와 놀부** : '흥부와 놀부' 는 욕심 많은 형은 벌을 받고, 가난하지만 착한 동생은 복을 받는다는 이야기이므로 이 글과 관계없습니다.

● 순서

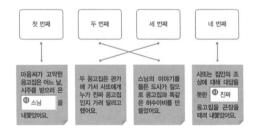

 끄덕끄덕 공감하기

1. ① 서럽다. ② 후련하다.
2. ③

해설

이 글에서 허수아비 옹고집은 진짜 옹고집을 혼내 주는 역할을 합니다.

 글밥지도 그리기

㉮ ① 미래 초등학교
㉯ ④ 전국의 모든 어린이
㉰ ③ 서울 ○○구
㉱ ⑧ 바르고 슬기롭고 튼튼한 어린이를 키우는 것
㉲ ⑦ 방과 후 프로그램

● 제목

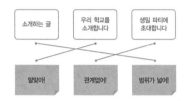

해설

- **소개하는 글** : 범위가 너무 넓습니다. 자기를 소개하는 글, 동생을 소개하는 글, 외국 사람에게 우리 문화를 소개하는 글 등 글의 내용에 알맞게 범위를 좁혀서 제목을 쓰는 것이 좋습니다.
- **우리 학교를 소개합니다** : 이 글을 쓴 어린이는 자신이 다니는 학교에 대해 소개하고 있으므로 '우리 학교를 소개합니다' 라는 제목이 알맞습니다.
- **생일 파티에 초대합니다** : 이 글은 학교를 소개하는 글입니다. 생일 초대와는 관계가 없습니다.

● 문단

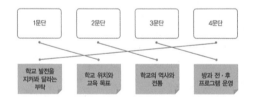

 요목조목 따져보기

1. ① ○ ② △ ③ △ ④ ○
2. ③

해설

'아침 달리기' 의 좋은 점은 머리를 맑게 하여 학습 능률을 높이고, 아이들이 꼬박꼬박 아침밥을 먹게 되었다는 것입니다.

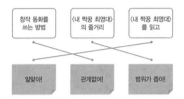 **글밥지도 그리기**

㉮ ② 내 짝꿍 최영대
㉯ ④ 친구 집에서 우연히 발견해서
㉰ ① 최영대
㉱ ⑦ 영대를 괴롭히는 친구들이 얄미웠다.
㉲ ⑧ 영대가 큰 소리로 울음을 터뜨리는 장면

● 제목

창작 동화를 쓰는 방법	〈내 짝꿍 최영대〉의 줄거리	〈내 짝꿍 최영대〉를 읽고

알맞아!	관계없어!	범위가 좁아!

해설

• **창작 동화를 쓰는 방법** : 이 글은 창작 동화를 읽고 쓴 독서 감상문입니다. 창작 동화를 쓰는 법과는 관계가 없습니다.
• **〈내 짝꿍 최영대〉의 줄거리** : 이 글에는 책의 줄거리 외에 책을 읽게 된 동기, 책을 읽은 생각이나 느낌, 가장 인상 깊었던 장면 등이 들어 있는 한 편의 독서 감상문입니다. '〈내 짝꿍 최영대〉의 줄거리' 는 제목으로 하기에 범위가 좁습니다.
• **〈내 짝꿍 최영대〉를 읽고** : 이 글은 책을 읽고 쓴 독서 감상문입니다. 구체적인 책 이름을 넣어 제목을 붙이는 것이 좋습니다. 알맞은 제목은 '〈내 짝꿍 최영대〉를 읽고' 입니다.

● 책의 줄거리

첫 번째	두 번째	세 번째

울아오는 길에 친구들이 영대의 가슴에 기념 배지를 달아 준다.	경주 여행에서 친구들의 괴롭힘을 참지 못한 영대가 울음을 터뜨린다.	시골에서 전학 온 영대는 친구들에게 따돌림을 당한다.

 끄덕끄덕 공감하기

1. 설레다.
2. ④

해설

이 글에는 책을 읽고 난 후 글쓴이의 생각과 느낌, 가장 인상 깊었던 장면 등이 자세하게 나타나 있습니다. 〈내 짝꿍 최영대〉는 모험과 환상을 간접 경험해 보고 싶은 친구들보다 감동적인 책을 읽고 싶은 친구들에게 권해 주면 좋은 책입니다.

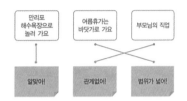 **글밥지도 그리기**

㉮ ② 만리포 해수욕장
㉯ ④ 부모님께
㉰ ③ 승현
㉱ ⑤ 여름 방학
㉲ ⑦ 그리기 숙제도 쉽게 할 수 있다.

● 제목

만리포 해수욕장으로 놀러 가요	여름휴가는 바닷가로 가요	부모님의 직업

알맞아!	관계없어!	범위가 넓어!

해설

• **만리포 해수욕장으로 놀러 가요** : 부탁하는 글은 부탁하는 내용이 분명히 드러나게 써야 합니다. 이 글에서 글쓴이는 부모님께 만리포 해수욕장으로 놀러 가자고 부탁하고 있습니다. 알맞은 제목입니다.
• **여름휴가는 바닷가로 가요** : 글쓴이는 백사장이 넓고, 모래가 고와서 해수욕장으로 매우 유명하며 해산물도 풍부하고 바다낚시도 할 수 있다는 까닭을 들어 만리포 해수욕장으로 놀러 가자고 부탁하고 있습니다. 제목에 '만리포 해수욕장' 이란 말이 빠진 바닷가는 범위가 넓습니다.
• **부모님의 직업** : 승현이가 부모님께 여름 방학 때 만리포 해수욕장으로 놀러 가자고 쓴 부탁하는 글입니다. 부모님의 직업과는 관계없는 글입니다.

● 짜임

처음	가운데	끝

부탁을 들어주고 싶은 마음이 들게 하는 말	부탁할 사람과 인사말	부탁하는 내용과 부탁하는 까닭

 요목조목 따져보기

1. ③
2. ②

해설

승현이는 부모님의 사정을 생각하여 어머니와 아버지께서 바쁘시지 않은 날로 정했으면 좋겠다고 부탁하고 있습니다.

글밥지도 그리기

가 ② 감사 편지
나 ④ 현수 누나
다 ③ 첫인사
라 ⑦ 마음이 따뜻한 사람
마 ⑥ 쓴 날짜
바 ⑧ 호영

● **그날 일어난 일**

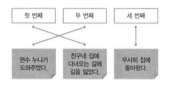

● **제목**

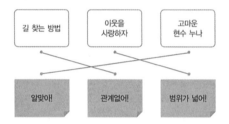

해설

• **길 찾는 방법** : 글쓴이가 길을 잃은 일을 소재로 쓰고 있지만 길 찾는 방법을 알려 주는 글이 아니므로 제목과 관계없습니다.

• **이웃을 사랑하자** : 이웃집 누나가 이웃집 동생에게 관심을 갖는 내용이 포함되어 있지만 이 글은 고마운 마음을 전하는 것이 중심 내용입니다. '이웃을 사랑하자'를 제목으로 하기에는 범위가 너무 넓습니다.

• **고마운 현수 누나** : 이 글은 호영이가 자신에게 친절을 베풀어 준 이웃집 현수 누나에게 고마움을 전하기 위해 쓴 편지글입니다. '고마운 현수 누나'라는 제목이 알맞습니다.

끄덕끄덕 공감하기

1. 배려심이 많다.
2. ④

해설

글쓴이는 이웃집 누나 때문에 어머니께 야단맞은 일을 원망하는 것이 아니라 자신을 도와준 일을 고마워하고 있습니다.

글밥지도 그리기

가 ① 공익 광고
나 ④ 일회용품을 멀리하는 당신은 멋쟁이
다 ③ 어린이
라 ⑤ 썩는 데 20년
마 ⑥ 썩는 데 500년
바 ⑧ 멀리해야

● **무엇을 전달하지?**

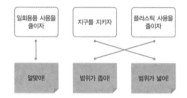

해설

• **일회용품 사용을 줄이자** : 이 글은 일회용품을 줄이자는 내용을 담고 있는 공익 광고입니다. 따라서 글의 제목으로 '일회용품 사용을 줄이자'가 알맞습니다.

• **지구를 지키자** : 일회용품의 사용을 줄이면 결과적으로 지구를 지킬 수 있습니다. 하지만 이 글에서 알리고자 하는 내용은 일회용품의 사용을 줄이자는 것이므로 제목으로 하기에 범위가 넓습니다.

• **플라스틱 사용을 줄이자** : 플라스틱은 우리가 흔히 사용하는 일회용품의 재료가 됩니다. 하지만 이 플라스틱의 사용을 줄이자는 것이 글의 중요한 내용은 아닙니다. 따라서 이것은 제목으로 하기에 범위가 좁습니다.

요목조목 따져보기

1. ③
2. ③

해설

상업 광고는 상품의 장점을 잘 드러내 사고 싶은 마음이 들게 하는 것이 목적입니다. 이 글은 일회용품의 사용을 줄여야 한다는 사실을 깨닫고 실행하게 하는 공익 광고입니다.

07회 | 41~44쪽

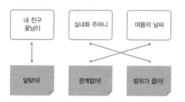

글밥지도 그리기

⑦ ③ 꽃님이
⑭ ① 친하게 지내지 않음
⑮ ④ 마음이 따뜻하고 착하다.
⑯ ⑥ 실내화 주머니
⑰ ⑤ 고맙고 미안해서
⑱ ⑧ 꽃님이를 멀리했던 것이 후회되었다.

● 제목

```
┌──────┐    ┌──────┐    ┌──────┐
│ 내 친구 │    │실내화 주머니│   │여름의 날씨│
│ 꽃님이 │    └──────┘    └──────┘
└──────┘         ╲      ╱
    │             ╲    ╱
    ↓              ╳
┌──────┐    ┌──────┐    ┌──────┐
│ 알맞아! │    │관계없어!│    │범위가 좁아!│
└──────┘    └──────┘    └──────┘
```

> **해설**
> • **내 친구 꽃님이** : 친구 꽃님이와 있었던 일을 쓴 일기입니다. 미안한 마음을 전하며 친구가 되겠다고 말하고 있으므로 '내 친구 꽃님이' 라는 제목이 알맞습니다.
> • **실내화 주머니** : 실내화 주머니를 학교에 두고 온 일이 발단이 되어 친구 꽃님이를 멀리했던 일을 반성하고 미안한 마음을 글로 쓴 일기입니다. '실내화 주머니' 는 제목으로 하기에 범위가 좁습니다.
> • **여름의 날씨** : 일기를 쓴 날의 날씨가 해님이 쨍쨍한 날이지만 계절이 여름인지는 알 수 없습니다. 글의 내용이 여름 날씨와는 관계가 없으므로 제목으로 맞지 않습니다.

끄덕끄덕 공감하기

1. 귀찮다.
2. ②

> **해설**
> 글쓴이는 실내화 주머니를 가져다준 꽃님이에게 고마워하고 있으며 일기를 쓴 날은 해님이 쨍쨍했던 날입니다.

08회 | 45~48쪽

글밥지도 그리기

⑦ ② ○○공원
⑭ ④ 주민들의 휴식 공간 마련
⑮ ③ ○○공원 관리 사무소장
⑯ ⑧ 공원 이용 시 유의 사항
⑰ ⑦ 자전거, 오토바이, 인라인스케이트

● 제목

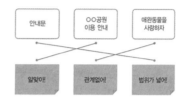

> **해설**
> • **안내문** : 읽는 사람이 이해하기 쉽도록 무엇을 안내하는 글인지가 구체적으로 드러나게 제목을 쓰는 것이 좋습니다. '안내문' 은 범위가 너무 넓습니다.
> • **○○공원 이용 안내** : 이 글은 ○○공원 운영의 목적과 이용 시의 유의 사항 등을 안내하는 글입니다. 제목에 '○○공원' 과 '이용 안내' 라는 말이 들어가는 '○○공원 이용 안내' 가 제목으로 알맞습니다.
> • **애완동물을 사랑하자** : 유의 사항 가운데 애완동물 출입 시에는 목줄과 변 처리 도구를 지참하여야 한다는 항목이 있을 뿐 애완동물을 사랑하자는 내용은 찾을 수 없으므로 '애완동물을 사랑하자' 는 제목과 관계가 없습니다.

● 짜임

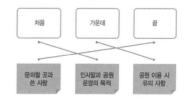

요목조목 따져보기

1. ① 공원 이름 ② 목줄과 변 처리 도구 ③ 6시 ④ 12시
2. ②

> **해설**
> 유의 사항을 지키지 않았을 때 벌금 10만 원을 내야 한다는 내용은 안내문에 쓰여 있지 않습니다.

글밥지도 그리기

② ③ 봉평
③ ① 부모님의 결혼기념일을 축하하기 위하여
⑤ ④ 마음이 많이 설렘
② ⑤ 이효석 작가가 더 가깝게 느껴졌다.
⑥ ⑥ 메밀을 먹으면 좋은 점

● 제목

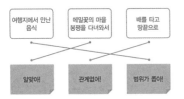

> **해설**
> · **여행지에서 만난 음식** : 이 글은 봉평을 다녀와서 여정과 견문, 감상을 쓴 기행문입니다. '여행지에서 만난 음식'이란 제목은 이 글의 전체 내용을 담기에는 범위가 좁습니다.
> · **메밀꽃의 마을 봉평을 다녀와서** : 봉평을 여행하며 보고 듣고 느낀 것을 쓴 글이므로 '메밀꽃의 마을 봉평을 다녀와서'는 제목으로 알맞습니다.
> · **배를 타고 땅끝으로** : 배를 타고 땅끝에 간 일에 대한 내용이 없으므로 제시된 글과 관계없는 제목입니다.

● 어디에서 무엇을 보았지?

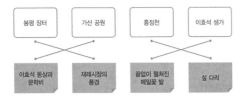

끄덕끄덕 공감하기

1. [예시]
· 정말 소금을 뿌려 놓은 것 같아.
· 우아, 정말 멋져!
2. ③

> **해설**
> 선생님과 같은 반 친구들이 수학여행을 다녀온 뒤에 쓴 글이 아니고 부모님의 결혼기념일을 축하하기 위하여 가족과 함께 떠난 여행이었습니다.

글밥지도 그리기

② ② 윷놀이
③ ① 삼국 시대 이전
⑤ ⑧ 점술 도구
② ③ 콩윷
⑥ ⑥ 사회성을 기를 수 있다.

● 제목

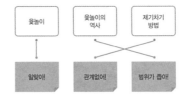

> **해설**
> · **윷놀이** : 윷놀이의 기원과 유래, 윷의 종류와 윷놀이 방법, 윷놀이를 하면 좋은 점 등 내용을 모두 포함하는 '윷놀이'라는 제목이 알맞습니다.
> · **윷놀이의 역사** : 윷놀이의 역사는 글의 일부분에 해당하므로 범위가 좁은 제목입니다.
> · **제기차기 방법** : 윷놀이에 대해 설명하는 글이므로 제기차기 방법과는 관계없습니다.

● 문단

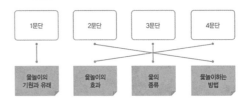

요목조목 따져보기

1. ① 엿가락 ② 북부 지방 ③ 손가락 ④ 전라도, 제주도
2. ③

> **해설**
> 윷놀이는 미국에서 시작되어 최근에 우리나라에 전해진 놀이가 아니고 삼국 시대 이전부터 전해 내려온 우리 민족의 민속놀이입니다.

11회 | 57~60쪽

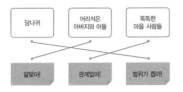 글밥지도 그리기

⑦ ② 연극
⑭ ① 옛날
⑮ ③ 어느 마을
⑯ ⑤ 자기 생각이 없고 어리석다.
⑰ ⑥ 사람들의 말에 따라
⑱ ⑧ 당나귀

● 제목

당나귀	어리석은 아버지와 아들	똑똑한 마을 사람들
알맞아!	관계없어!	범위가 좁아!

해설
• **당나귀** : 당나귀는 이 글에서 없어서는 안 되는 중요한 등장인물입니다. 하지만 당나귀를 제목으로 하기에는 부족합니다.
• **어리석은 아버지와 아들** : 아버지와 아들은 자기 생각 없이 마을 사람들의 말에 따라 행동하고 있습니다. 따라서 '어리석은 아버지와 아들'이란 제목이 알맞습니다.
• **똑똑한 마을 사람들** : 이 글에 등장하는 마을 사람들은 남의 일에 이래라저래라 참견을 잘하는 사람들입니다. 똑똑한 마을 사람들은 제목과 관계가 없습니다.

● 순서

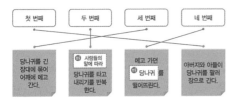

첫 번째	두 번째	세 번째	네 번째
당나귀를 긴 장대에 묶어 어깨에 메고 간다.	⑮ 사람들의 말에 따라 당나귀를 타고 내리기를 반복한다.	메고 가면 ⑭ 당나귀를 떨어뜨린다.	아버지와 아들이 당나귀를 팔러 장으로 간다.

끄덕끄덕 공감하기

1. 이렇게 더운 날 당나귀를 타고 가다니, 당나귀가 고생이군.

2. ②

해설
아버지와 아들은 다른 사람들의 말에 이랬다저랬다 갈팡질팡하고 있습니다.

12회 | 61~64쪽

글밥지도 그리기

⑦ ⑥ 물
⑭ ③ 우리가 살아가는 데
⑮ ④ 물 낭비
⑯ ⑦ 농업용수 부족
⑰ ⑧ 수자원 개발과 관리

● 제목

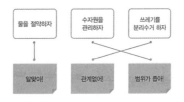

물을 절약하자	수자원을 관리하자	쓰레기를 분리수거 하자
알맞아!	관계없어!	범위가 좁아!

해설
• **물을 절약하자** : 글쓴이는 우리나라는 물 부족 국가임에도 물을 낭비하고 있다고 문제를 제기하고 물을 절약할 것을 주장하고 있습니다. 그러므로 '물을 절약하자'가 제목으로 알맞습니다.
• **수자원을 관리하자** : 물을 절약하기 위한 방법 가운데 하나가 수자원을 개발하고 관리하자는 것이므로 전체 내용을 나타내기에는 범위가 좁습니다.
• **쓰레기를 분리수거 하자** : 물 절약을 주제로 한 주장하는 글입니다. 쓰레기 분리 수거와는 관계가 없습니다.

● 문단

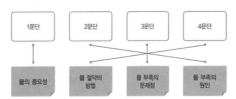

1문단	2문단	3문단	4문단
물의 중요성	물 절약의 방법	물 부족의 문제점	물 부족의 원인

요목조목 따져보기

1. ①, ②
2. ④

해설
글쓴이는 이 글에서 우리나라 사람들이 물 부족의 심각성을 깨닫지 못하고 물을 낭비하고 있다고 하였습니다.

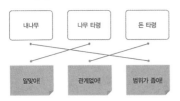 글밥지도 그리기

가 ⑤ 나무
나 ⑥ 내 밭두렁
다 ③ 청명
라 ④ 오자마자
마 ⑦ 스무나무

● 제목

내나무	나무 타령	돈 타령

알맞아!	관계없어!	범위가 좁아!

해설
- **내나무** : '오리나무', '참나무', '스무나무', '밤나무' 등 여러 가지 나무의 종류를 재미있게 나열하고 있는 전래 동요입니다. 나무의 종류 가운데 하나인 '내나무'를 제목으로 하기에는 범위가 너무 좁습니다.
- **나무 타령** : 나무의 이름을 재미있게 알려 주는 전래 동요입니다. 여러 가지 나무의 종류를 나열하고 있으므로 '나무 타령'이 제목으로 알맞습니다.
- **돈 타령** : 이 전래 동요 어디에도 '돈'에 대한 내용은 없습니다. '돈 타령'은 이 글의 제목과 관계가 없습니다.

● 어떤 나무들이 있지?

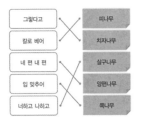

그럴다고	피나무
칼로 베어	치자나무
네 편 내 편	살구나무
입 맞추어	양편나무
너하고 나하고	쪽나무

끄덕끄덕 공감하기

1. ① 잣나무 ② 가시나무 ③ 쉬나무 ④ 사과나무
　⑤ 돈나무

2. ④

해설
이 글은 읽는 이를 설득하려는 주장하는 글이 아닙니다. 생각이나 느낌을 운율이 있는 말로 표현한 전래 동요입니다.

글밥지도 그리기

가 ① 기사문
나 ② 광개토 대왕, 영토 넓혀
다 ⑦ 누가
라 ⑥ 목저성에서
마 ⑤ 후연의 군대를
바 ③ 고구려 일보

● 기사의 내용

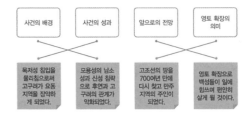

사건의 배경	사건의 성과	앞으로의 전망	영토 확장의 의미

목저성 침입을 물리침으로써 고구려가 요동 지역을 장악하게 되었다.	모용성의 남소성과 신성 침략으로 후연과 고구려의 관계가 악화되었다.	고조선의 땅을 700여년 만에 다시 찾고 만주 지역의 주인이 되었다.	영토 확장으로 백성들이 일에 힘쓰며 편안히 살게 될 것이다.

요목조목 따져보기

1. 왜
2. ④

해설
이 기사문에서는 인터뷰한 고구려 주민의 이름을 밝혀 적고 있습니다.

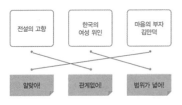 글밥지도 그리기

㉮ ① 김만덕
㉯ ③ 양민의 딸로 태어났다.
㉰ ④ 제주도
㉱ ⑥ 동정심이 많고 의롭다.
㉲ ⑧ 곡식
㉳ ⑤ 마음의 부자

● 제목

```
[전설의 고향]   [한국의     [마음의 부자
               여성 위인]    김만덕]

[알맞아]       [관계없어]   [범위가 넓어]
```

 해설

• **전설의 고향** : 이 글은 예로부터 전해 내려오는 옛날이야기가 아닙니다. 조선 정조 때 여성 상인 김만덕의 업적을 사실을 바탕으로 기록한 글이므로 '전설의 고향'과는 관계가 없습니다.

• **한국의 여성 위인** : 신사임당, 허난설헌, 유관순 등도 한국의 여성 위인입니다. 김만덕의 전기문 제목으로는 범위가 너무 넓습니다.

• **마음의 부자 김만덕** : 김만덕의 업적과 평가가 함께 드러나는 알맞은 제목입니다.

끄덕끄덕 공감하기

1. [예시]
• 임금님보다도 더 훌륭합니다.
• 부자 중의 부자 마음의 부자, 진짜 부자로군요.

2. ①

해설

김만덕은 원래 양민의 딸이었으나 기생집에서 자라게 되어 관가에서 노래하고 춤추는 일을 하는 노비가 되었다고 하였습니다.

 글밥지도 그리기

㉮ ② 여우   ㉯ ③ 해가 질 무렵
㉰ ④ 포도밭   ㉱ ⑧ 노력
㉲ ⑥ 저 포도는 분명 맛이 들지 않은 시큼하고 덜 익은 포도일 거야.
㉳ ⑦ 포도 먹기를 포기하고 돌아섰습니다.

● 제목

```
[이솝 우화]    [여우와 신 포도]   [여우의 지혜]

[알맞아]       [관계없어]        [범위가 넓어]
```

해설

• **이솝 우화** : 이 글은 이솝 우화에 실린 '여우와 신 포도'입니다. 이솝 우화는 이솝이 지은 단편 우화 모음집을 가리키는 말이므로 범위가 넓습니다.

• **여우와 신 포도** : 이솝이 쓴 우화 중 '여우와 신 포도'를 소재로 한 이야기입니다.

• **여우의 지혜** : 이 글에서 여우는 지혜로운 행동을 하지 않습니다. 그러므로 '여우의 지혜'는 제목으로 맞지 않습니다.

● 순서

```
[첫 번째]      [두 번째]      [세 번째]      [네 번째]

여우는 포도밭   여우가 먹이를   여우는 신 포도   여우는 포도를
으로 달려갔으   찾아 헤매다가   일 거라고 중얼   따 먹기 위해
나 포도는 너무  포도밭을 발견   거리며 포도 먹   몇 번 뛰어 봤지
높은 곳에 달려  하였다.        기를 포기하고    만 닿지 않았다.
있었다.                      돌아섰다.
```

 끄덕끄덕 공감하기

1. [예시]
• 친구를 불러와서 엎드리게 한 뒤 등 위에 올라가서 포도를 따 먹겠다.
• 장대를 가지고 와서 포도를 따 먹겠다.

2. ②

해설

여우는 하루 종일 먹이를 찾아 헤매었지만 아무것도 먹지 못했다고 하였습니다.

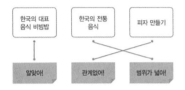 **글밥지도 그리기**

가 ② 비빔밥
나 ④ 사발
다 ⑥ 재료를 섞어 먹는다.
라 ⑤ 세계 미식 대회 금상 수상
마 ⑦ 수없이 많다.

● **제목**

한국의 대표 음식 비빔밥	한국의 전통 음식	피자 만들기
알맞아	관계없어	범위가 넓어

해설
- **한국의 대표 음식 비빔밥** : 한국의 전통 음식 가운데 대표 음식으로 손꼽히는 비빔밥을 소개하는 글이므로 제목으로 알맞습니다.
- **한국의 전통 음식** : 한국의 전통 음식에는 불고기, 갈비, 김치 등 여러 가지가 있으므로 제목으로 범위가 너무 넓습니다.
- **피자 만들기** : 비빔밥과 피자를 비교하는 내용이 나오지만 피자 만들기를 소개하고 있지는 않으므로 관계가 없는 제목입니다.

● **문단**

1문단	2문단	3문단	4문단
비빔밥의 특징	비빔밥의 뜻	비빔밥의 인기	비빔밥의 맛과 영양

 요목조목 따져보기

1. ②
2. ③

해설
외국인 친구 토미에게 편지를 써서 비빔밥에 대해 알려 주는 글입니다. 우리나라 전통 음식 가운데 하나인 비빔밥은 맛과 영양이 뛰어나고 외국인들도 좋아한다는 내용이 있습니다.

글밥지도 그리기

가 ① 송어
나 ③ 어머니
다 ④ 슈베르트
라 ⑤ 1817년 여름
마 ⑥ 어려운 노래
바 ⑧ 송어의 뛰노는 모습

● **제목**

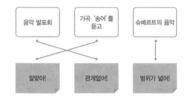

음악 발표회	가곡 '송어'를 듣고	슈베르트의 음악
알맞아	관계없어	범위가 넓어

해설
- **음악 발표회** : 이 글은 음악을 듣고 감상을 쓴 글이므로 '음악 발표회'와 관계없습니다.
- **가곡 '송어'를 듣고** : 슈베르트가 지은 가곡 '송어'를 듣고 쓴 글이므로 제목으로 알맞습니다.
- **슈베르트의 음악** : 슈베르트는 가곡과 실내악으로 유명한 오스트리아의 음악가입니다. '송어' 외에도 '아름다운 물레방앗간의 아가씨', '겨울 나그네' 등 많은 작품이 있으므로 '슈베르트의 음악'이란 제목은 범위가 너무 넓습니다.

끄덕끄덕 공감하기

1. 어둡다.
2. ②

해설
아름다운 가락과 성악가의 목소리, 가사의 내용이 잘 어우러졌다고 하였습니다. 성악가의 목소리가 안 좋았다는 내용은 찾아볼 수 없습니다.

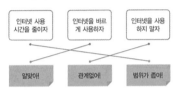 **글밥지도 그리기**

가 ② 인터넷
나 ① 1시간
다 ③ 성적이 떨어진다.
라 ⑥ 호기심을 자극하고
마 ⑦ 가족들이 모두 볼 수 있는 곳

● **제목**

인터넷 사용 시간을 줄이자	인터넷을 바르게 사용하자	인터넷을 사용하지 말자

알맞아!	관계없어!	범위가 좁아!

> **해설**
> • **인터넷 사용 시간을 줄이자** : '인터넷 사용 시간을 줄이자'는 인터넷을 바르게 사용하는 방법 가운데 하나에 해당하므로 제목으로 하기에는 범위가 좁습니다.
> • **인터넷을 바르게 사용하자** : 이 글은 인터넷의 무분별한 사용의 문제점을 제시하고 인터넷을 바르게 사용할 것을 주장하는 글이므로 '인터넷을 바르게 사용하자'가 제목으로 알맞습니다.
> • **인터넷을 사용하지 말자** : 인터넷을 바르게 사용할 것을 주장하며 인터넷을 바르게 사용하는 방법을 제시하고 있습니다. '인터넷을 사용하지 말자'는 제목과 관계가 없습니다.

● **문단**

1문단	2문단	3문단	4문단

무분별한 인터넷 사용의 문제점	어린이 인터넷 사용 시간	인터넷을 바르게 사용하는 방법	인터넷을 무분별하게 사용하는 까닭

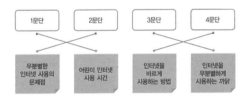 **요목조목 따져보기**

1. ①, ②
2. ①

> **해설**
> 글쓴이는 어린이들이 인터넷을 사용하면 안 된다고 주장한 것이 아니라 인터넷을 바르게 사용하자고 주장하고 있습니다.

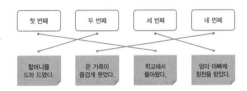 **글밥지도 그리기**

가 ① 혜진
나 ⑤ ○○월 ○○일 화요일
다 ② 날씨는?
라 ③ 할머니를 도와 김치를 담근 일
마 ⑥ 날아갈 것같이 기뻤다.

● **순서**

첫 번째	두 번째	세 번째	네 번째

할머니를 도와 드렸다.	온 가족이 즐겁게 웃었다.	학교에서 돌아왔다.	엄마 아빠께 칭찬을 받았다.

● **제목**

김치를 담그는 방법	할머니를 도와 드리다	화목한 우리 집

알맞아!	관계없어!	범위가 넓어!

> **해설**
> • **김치를 담그는 방법** : 이 글 어디에도 김치를 담그는 방법은 나오지 않으므로 제목과 관계없습니다.
> • **할머니를 도와 드리다** : 할머니를 도와 김치를 담근 일을 소재로 쓴 일기입니다. '할머니를 도와 드리다'가 제목으로 알맞습니다.
> • **화목한 우리 집** : 가족의 화목한 모습이 드러나긴 하지만 제목으로 보기에는 범위가 너무 넓습니다.

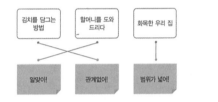 **끄덕끄덕 공감하기**

1. [예시]
   • 엄마 대신 설거지를 하거나 내 방 청소를 하겠어.
   • 할머니를 모시고 병원도 함께 가고, 은행 현금 지급기 사용법도 알려 드리겠어.

2. ③

> **해설**
> 이 글을 쓴 날의 날씨는 맑았다가 흐렸다고 하였습니다.

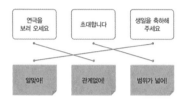글밥지도 그리기

가 ② 생일 파티
나 ⑧ 영주
다 ④ 초대하는 때와 곳
라 ① 수지
마 ⑥ 내 생일날 꼭 와 주면 좋겠어.
바 ⑦ 함께 모여서 즐겁게 놀기 위해서

● 제목

연극을 보러 오세요	초대합니다	생일을 축하해 주세요

알맞아!	관계없어!	범위가 넓어!

> **해설**
> ・**연극을 보러 오세요** : 제시문은 생일에 초대하는 글입니다. 연극과 관계없는 내용입니다.
> ・**초대합니다** : 초대하는 글의 제목을 쓸 때는 어떤 일로 초대하는지가 드러나면 더 좋은 제목이 될 수 있습니다. 이 글의 제목으로 '초대합니다'는 범위가 넓습니다.
> ・**생일을 축하해 주세요** : 이 글은 생일날 친구를 초대하기 위해 쓴 글입니다. 무슨 일로 초대하는지가 드러나게 쓴 '생일을 축하해 주세요'가 제목으로 알맞습니다.

● 짜임

처음	가운데	끝

초대하는 말과 초대하는 까닭	때와 곳, 쓴 날짜와 쓴 사람	받을 사람과 첫인사

요목조목 따져보기

1. ①, ②
2. ①

> **해설**
> 때는 8월 20일 오후 1시, 곳은 ○○아파트 103동 1002호라고 썼습니다.

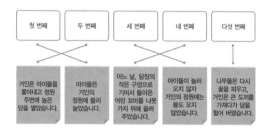글밥지도 그리기

가 ② 거인
나 ① 거인의 정원
다 ⑥ 욕심이 많고 사납다.
라 ⑤ 친절하고 다정하다.
마 ⑦ 자, 여기 앉아서 놀거라.

● 순서

첫 번째	두 번째	세 번째	네 번째	다섯 번째

거인은 아이들을 쫓아내고 정원 주변에 높은 담을 쌓았습니다.	아이들은 거인의 정원에 들러 놀았습니다.	어느 날, 담장의 작은 구멍으로 기어서 들어온 어린 꼬마를 나뭇가지 위에 올려 주었습니다.	아이들이 놀러 오지 않자 거인의 정원에는 봄도 오지 않았습니다.	나무들은 다시 꽃을 피우고, 거인은 큰 도끼를 가져다가 담을 헐어 버렸습니다.

끄덕끄덕 공감하기

1. ① 귀찮아! / 성가셔!
   ② 귀여워! / 좋아!

> **해설**
> 담을 쌓기 전 거인은 자신의 정원에서 아이들이 놀고 있는 것을 싫어했습니다. 즉, 아이들은 귀찮고, 성가시다고 여겼습니다. 하지만 정원에 담을 쌓고 아이들의 발길이 끊어진 다음부터 자신의 정원에 봄이 오지 않자 크게 실망했습니다. 그리고 다시 아이들이 정원에 찾아왔을 때에는 아이들을 귀여워하며 다정히 대했습니다.

2. ②

> **해설**
> 거인의 정원은 원래 많은 나무와 색색의 꽃들이 만발하는 아름다운 정원이었습니다.

글밥지도 그리기

가 ③ 경복궁
나 ④ 미래 초등학교 3학년 김초롱
다 ② 백과사전
라 ⑥ 경복궁의 위치
마 ⑦ 큰 복을 누리며 번성하다.
바 ⑤ 교태전 뒤쪽 아미산

● **제목**

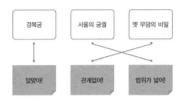

> **해설**
> • **경복궁** : 이 글은 경복궁에 대한 정보와 경복궁을 방문하기 위한 정보를 조사하여 기록한 글입니다. 글의 제목으로 '경복궁'이 알맞습니다.
> • **서울의 궁궐** : 서울의 궁궐에는 창덕궁, 창경궁, 경희궁 등도 있습니다. 제목으로 '서울의 궁궐'은 범위가 넓습니다.
> • **옛 무덤의 비밀** : 이 글에는 옛 무덤에 대한 내용이 없습니다. '옛 무덤의 비밀'은 이 글과 관계없는 제목입니다.

 ## 요목조목 따져보기

1.

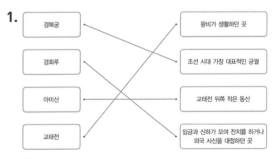

2. ③

> **해설**
> 이 글 윗부분에 조사 방법이 제시되어 있습니다. 직접 다녀온 뒤에 쓴 글이 아니라 백과사전과 문화재청 누리집에서 정보를 찾아 쓴 글입니다. 또한 경복궁을 보고 느낀 점이 아니라 경복궁에 대한 정보를 전달하고 있습니다.

 ## 글밥지도 그리기

가 ④ 크리스마스
나 ③ 짐
다 ⑥ 남편의 시곗줄을 사기 위해
라 ⑦ 가난하지만 남편을 매우 사랑한다.
마 ① 머리카락
바 ⑧ 금시계

● **순서**

 ## 끄덕끄덕 공감하기

1. ① 슬프다. ② 뿌듯하다.
2. ④

> **해설**
> 짐은 아내에게 줄 크리스마스 선물을 사기 위해 자신에게 가장 귀중한 물건인 금시계를 팔았습니다. 이를 통해 아내를 사랑하는 짐의 마음을 짐작할 수 있습니다.

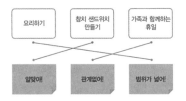 글밥지도 그리기

가 ① 참치 샌드위치   **나** ④ 요리 방법
다 ③ 휴일에 가족과
라 ⑤ 각종 재료들을 준비한다.
마 ⑦ 우유와 차려 낸다.

● 제목

요리하기	참치 샌드위치 만들기	가족과 함께하는 휴일

알맞아!	관계없어!	범위가 넓어!

> **해설**
> • **요리하기** : 어떤 요리를 하는지 드러나게 제목을 정하는 것이 좋습니다. '요리하기'는 막연하고 범위가 넓습니다.
> • **참치 샌드위치 만들기** : 참치 샌드위치 만드는 법을 '준비하기', '만들기', '차리기'의 순서로 설명하고 있으므로 '참치 샌드위치 만들기'란 제목이 알맞습니다.
> • **가족과 함께하는 휴일** : 이 글은 참치 샌드위치 만들기를 순서가 드러나게 설명하고 있는 글입니다. 가족과 함께하는 휴일에 대해서는 설명하지 않아 관계가 없습니다.

● 요리 순서

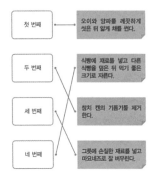

첫 번째	→	오이와 양파를 깨끗하게 씻은 뒤 잘게 채를 썬다.
두 번째		식빵에 재료를 넣고 다른 식빵을 덮은 뒤 먹기 좋은 크기로 자른다.
세 번째		참치 캔의 기름기를 제거한다.
네 번째		그릇에 손질한 재료를 넣고 마요네즈로 잘 버무린다.

 요목조목 따져보기

1. ①   **2.** ③

> **해설**
> 이 글은 참치 샌드위치를 만드는 방법을 순서대로 정리하여 쓴 설명하는 글입니다. 참치 샌드위치를 만들게 된 이유나 까닭은 나타나 있지 않습니다. 또, 어머니께 편지를 써서 부탁하는 글도, 인스턴트 음식을 먹지 말자고 주장하는 글도 아닙니다.

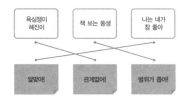 글밥지도 그리기

가 ⑧ 내 동생 혜진이
나 ④ 나는 네가 참 좋아.
다 ② 가만히 책을 보는 모습
라 ③ 싱그러움
마 ⑦ 숲 속 시냇물
바 ⑥ 큰 나무

● 제목

욕심쟁이 혜진이	책 보는 동생	나는 네가 참 좋아

알맞아!	관계없어!	범위가 좁아!

> **해설**
> • **욕심쟁이 혜진이** : 동생의 말, 동생의 책 보는 모습, 동생의 싱그러움과 귀여움을 좋아한다고 하였습니다. '욕심쟁이 혜진이'는 이 시와 전혀 관계없는 내용입니다.
> • **책 보는 동생** : 동생의 사랑스러운 모습을 여러 가지 말하고 있습니다. '책 보는 동생'은 제목으로는 범위가 좁습니다.
> • **나는 네가 참 좋아** : 각 연마다 '나는 네가 참 좋아.'라는 구절을 반복하여 말하고 동생의 여러 가지 사랑스러운 모습을 열거하고 있으므로 '나는 네가 참 좋아'가 제목으로 알맞습니다.

 끄덕끄덕 공감하기

1. 사랑스럽다, 반갑다.
2. ④

> **해설**
> 4연에 '떠올리면 흐뭇해지는 조그만 고 녀석'이란 행이 있습니다. 한 입 깨물어 주고 싶다고 한 것은 미워한다는 뜻이 아니고 귀엽다는 뜻입니다.

글밥지도 그리기

가 ④ 독도
나 ② 천연가스
다 ③ 주변 풍경
라 ⑤ 한국이 독도를 불법으로 차지
마 ⑦ 일본 영토

● **제목**

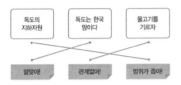

| 독도의 지하자원 | 독도는 한국 땅이다 | 물고기를 기르자 |

| 알맞아! | 관계없어! | 범위가 좁아! |

[해설]
• **독도의 지하자원** : 1문단에서 독도의 가치를 말하면서 독도의 지하자원에 대해서도 말하고 있지만 이 글 전체를 아우르기에 '독도의 지하자원'은 범위가 좁습니다.
• **독도는 한국 땅이다** : 이 글은 독도가 한국 땅이라는 주장에 알맞은 근거를 제시하여 쓴 주장하는 글입니다. '독도는 한국 땅이다'가 제목으로 알맞습니다.
• **물고기를 기르자** : 독도 주변 바다에서 많은 물고기가 잡히고 있다는 내용은 있지만 '물고기를 기르자'는 내용은 찾아볼 수 없습니다. '물고기를 기르자'는 이 글과 관계없습니다.

● **문단**

| 1문단 | 2문단 | 3문단 | 4문단 |

| 독도가 한국 땅인 근거 | 독도의 위치와 가치 | 문제 해결 방안 | 일본의 잘못된 주장과 태도 |

 요목조목 따져보기

1. ①, ③, ④
2. ④

[해설]
일본은 대마도가 아니라 독도를 일본 땅이라고 주장하고 있습니다.

 글밥지도 그리기

가 ② 세종 대왕
나 ① 태종의 셋째 아들
다 ⑥ 마음이 따뜻하고 어질다.
라 ⑦ 훈민정음
마 ⑧ 측우기

● **제목**

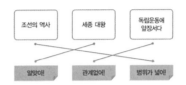

| 조선의 역사 | 세종 대왕 | 독립운동에 앞장서다 |

| 알맞아! | 관계없어! | 범위가 넓어! |

[해설]
• **조선의 역사** : 우리의 역사 인물 가운데 조선 시대의 네 번째 왕 세종 대왕에 대해 말하고 있습니다. '조선의 역사'라는 제목은 범위가 넓습니다.
• **세종 대왕** : 세종 대왕의 출생과 업적, 후대의 평가 등을 쓴 전기문이므로 '세종 대왕'이라는 제목이 알맞습니다.
• **독립운동에 앞장서다** : 세종 대왕은 조선 초기의 왕입니다. 우리나라의 독립운동에 앞장선 인물이 아닙니다. '독립운동에 앞장서다'는 이 글과 관계없습니다.

끄덕끄덕 공감하기

1. [예시]
• 세종 대왕님, 한글을 만들어 주셔서 고맙습니다.
• 세종 대왕님, 존경합니다.
2. ①

[해설]
태종에게는 큰아들인 양녕 대군이 있었지만 태종은 학문을 좋아하고 총명한 셋째아들 충녕 대군에게 왕의 자리를 물려주었다고 하였습니다.

㉮ ③ 아이티 강진
㉯ ④ 세계 여러 나라의 도움의 손길 이어져
㉰ ② 중앙아메리카 아이티
㉱ ⑤ 정부 기관 건물 붕괴
㉲ ⑥ 여진과 구호 장비의 부족

● **문단**

| 1문단 | 2문단 | 3문단 | 4문단 |

| 지진으로 인한 피해 현황 | 지진의 원인과 진원지 | 세계 여러 나라의 도움의 손길 | 구조 작업, 부상자 치료의 어려움 |

 요목조목 따져보기

1. ① 쌀 ② 1,000만 달러
2. ③

> **해설**
> 한국, 태국, 영국, 캐나다, 호주, 일본 외에도 세계 여러 나라에서 적극적인 도움의 손길을 뻗치고 있다고 하였습니다.

㉮ ① 민들레
㉯ ④ 4~5월
㉰ ③ 흰 갓털이 있다.
㉱ ⑥ 햇빛이 잘 드는 곳
㉲ ⑦ 꽃과 잎, 뿌리 등을 약재로 이용

● **제목**

| 한국의 들꽃 | 민들레 | 감정이 있는 식물 |

| 알맞아! | 관계없어! | 범위가 넓어! |

> **해설**
> • **한국의 들꽃** : 한국의 들꽃에는 수많은 종류가 있습니다. 이 글은 민들레 한 가지에 대한 설명이므로 '한국의 들꽃'은 이 글의 제목으로는 범위가 넓습니다.
> • **민들레** : 민들레의 분류, 모양, 쓰임 등에 대해 설명하고 있는 글이므로 '민들레'라는 제목이 알맞습니다.
> • **감정이 있는 식물** : 식물에게도 감정이 있다는 주장이 있습니다. 그러나 이 글과는 어울리지 않는 내용으로 제목과 관계없습니다.

● **문단**

| 1문단 | 2문단 | 3문단 | 4문단 |

| 서양민들레와 우리 민들레의 비교 | 민들레 소개 | 민들레의 생김새 | 민들레의 쓰임 |

 요목조목 따져보기

1. ①, ②
2. ②

> **해설**
> 글의 처음 부분에서 민들레는 한국의 들판 어디에서나 스스로 나고 자라는 식물이라고 하였습니다. 또 끝 부분에서는 햇빛이 잘 드는 곳이라면 쉽게 기를 수 있다고도 하였습니다.